Der

# Beruf des Staates und der Gemeinde

in der

# Socialen Frage.

**Ein Beitrag zur Lösung derselben im Deutschen Rechtsstaate,**

unter Anschluss an bestehende Verhältnisse

entworfen

von

**Theodor Koerner,**

Geheimer Regierungsrath, Oberbürgermeister a. D.

Berlin, 1872.

Verlag von J. Guttentag (D. Collin).

*Der Ertrag der Schrift ist dem Bismarck-Stipendium für Strassburg überwiesen.*

# Inhalt.

1.

# Einleitung.

## Die Lage der socialen Frage im Allgemeinen.

Die sociale Frage ist eine sehr weitschichtige, sie greift in ihrer allgemeinen Bedeutung und in ihrer extremen Richtung in alle Verhältnisse des menschlichen Lebens ein und erstrebt die Umformung in ihrem Sinne. Deshalb erscheint sie mehr oder weniger in ihren Tendenzen als der Anfang eines Kampfes um das Dasein bestehender Rechts- und gesellschaftlicher Bildungsformen. Je schwieriger ihre Definition in diesem Umfange ist, dessen Grenzen kaum zu übersehen, desto nothwendiger wird es, von ihrer allgemeinen ephemeren Bedeutung Abstand zu nehmen und sie auf den realen praktischen Standpunkt zu beschränken und zurückzuführen. Nur diesen wollen wir in unserer Betrachtung festhalten und möglichst klarlegen. Alle meist philosophisch gehaltenen wissenschaftlichen Untersuchungen über gesellschaftlichen Menschenberuf und und dessen neue Organisation in mehr oder weniger idealen Anschauungen mit den unvermeidlichen moralischen oder gar religiösen Unterlagen lassen wir wenigstens äusserlich unberührt, wenn wir auch ihren inneren Einfluss auf unsere Betrachtung anerkennen und uns denselben nicht entziehen können und dürfen; wir halten uns möglichst fern vom Gebiete der Phrasen, und wollen das der Thatsachen behaupten; nur so glauben wir ein fruchtbares Feld für die Sache gewinnen, nur auf diesem engern Wege zu gemeinsamer vorurtheilsfreier Prüfung und Bearbeitung desselben alle Freunde einladen zu können, welche sonst von vorn herein in der Frage nach den weitgedehntesten verschiedensten Richtungen auseinandergehen, und in Ermangelung eines einigenden Elementes und seiner Begrenzung zu keinem übersichtlichen Resultat gelangen würden.

Die sociale Frage giebt sich nach ihrem nächsten praktischen Ziele kund in der Thatsache, dass gewisse Klassen aus der Stufe der Einwohnerschaft, welche mit ihrer körperlichen Thätigkeit auf die Erwerbung ihres Unterhalts angewiesen ist, behaupten:

1) die bisher erlangte Vergütigung für ihre Thätigkeit — der Arbeitslohn — sei zu ihrer Subsistenz nicht ausreichend, weshalb es nothwendig erscheine, jenen angemessen zu erhöhen, und
2) lasse sich diese Erhöhung nicht von den Arbeitgebern erzielen, oder durch geeignete Mittel, namentlich Arbeitseinstellung, erzwingen, so müsse die übrige Gesellschaft — namentlich die in ihrer staatlichen Organisation — Hilfe schaffen und erforderlichenfalls aus ihren Mitteln gewähren, überhaupt müsse
3) die in ihrem Einkommen bedrängte und deshalb leidende arbeitende Klasse in ihrer Erwerbslage gebessert und gehoben, dieses aber dauernd im Wege einer neuen geeigneten und organischen Gesetzgebung erzielt werden. —

Die Gesetzgebung hat nun bisher die erwerbende Arbeitskraft bis an die Grenze der offenen Gefahr vor Schädigung und überall da freigemacht, wo noch Fesseln sie hemmten; dann aber hat sie dem bewegenden Elemente den vernünftigen Willen zur besten Verwerthung der Arbeitskraft im Einzelnen wie in der gemeinschaftlichen Wirksamkeit die volle Freiheit gewährt. Jenes ist geschehen in dem Erlass der neuen Gewerbeordnung, dieses in der Proclamation des freien Coalitionsrechtes in den Gliedern aller arbeitenden Klassen.

Auf dem so gewonnenen Boden freier Entwicklung und schrankenloser Concurrenz, als das zu erstrebende und nunmehr erreichte Ziel, hat sich nun zwar, vorzugsweise auf dem Gebiete der Industrie mit Hilfe der Macht des Capitals, die Massenproduction und mit ihr ein schwungreicher Verkehr entfaltet; — es sollte nun damit auch das Gedeihen des ganzen und einzelnen Erwerbs im Gesammtwesen der Arbeit und ihres Erfolges friedlich und selbstthätig erwachsen! — Diese Erwartung hat sich im Allgemeinen nicht bewahrheitet. Der Preis der Einzelnarbeit folgte nicht dem Aufschwunge im Grossen; der Arbeitslohn blieb entschieden in der verhältnissmässigen Steigegerung zurück. —

Die Arbeiterbewegungen haben immer grössere und allgemeinere

Dimensionen angenommen; bedeutende Schäden sind bereits durch dieselben in der Oekonomie des Volkes verursacht; bei längerer Fortdauer derselben scheint nicht nur die Leistungsfähigkeit eines Theils der Bevölkerung nachhaltig gefährdet, sondern auch das Interesse der öffentlichen Ordnung bedroht zu werden. Diesem gegenüber hat sich der Staat abwartend verhalten, und kein äusseres Zeichen einer eingreifenden Thätigkeit an den Tag gelegt, er hat sich, wie verlautet, auf Berathungen beschränkt, deren Ergebniss nicht weiter bekannt geworden ist. Er ist dem bisher auch in der Volkswirthschaft meist geltenden Princip der freien Gewährung der Agitation in den betheiligten Kreisen gefolgt, anscheinend auch in der Voraussetzung, dass diese Bewegung nur vorübergehender Art und günstige Resultate im Ganzen aus sich selbst zu Wege zu bringen im Stande sein werde.

Anders die Wissenschaft. — Bewährte Träger derselben*) haben die sociale Frage nicht mehr als eine vorübergehende Erscheinung, sondern als ein wesentliches und neues Moment der wissenschaftlichen Forschung anerkannt, und seine Geltung als einen Hauptgrund der Krisis in den bisherigen Grundsätzen der Nationalökonomie und zu einer neuen Organisation der Volkswirthschaft bezeichnet. Sie haben einerseits das Unzureichende der socialen Bestrebung auf dem Gebiete der Selbsthilfe, anderseits die Nothwendigkeit des staatlichen Eingreifens — die Staatshilfe — (das Wort mit allem Vorbehalt gedacht) vorerst durch Ermittelung der Verhältnisse constatiren zu müssen geglaubt; aber mit praktisch annehmbaren Vorschlägen, die das Leiden der betheiligten Arbeiter unmittelbar helfend oder lindernd zu erfassen vermöchten, sind sie aus Gründen zurückgeblieben, die in der Schwierigkeit allgemeiner Anordnungen und Maassnahmen und den anzuwendenden Mitteln, in der Verschiedenheit jedes einzelnen Falles und in der Nothwendigkeit seiner besonderen Beurtheilung ihre Motivirung fanden. Gerade dieser Mangel — dessen Hervorhebung wir nach der Lage der Sache durchaus nicht als einen Vorwurf jener wissenschaftlichen Arbeiten, die wir wegen ihrer tiefen und vorurtheilsfreien Richtung nicht hoch genug schätzen können — ist es gewesen, der uns bestimmt hat, den Versuch zu

*) Professor Dr. Wagner zu Berlin: Rede über die sociale Frage. Professor Dr. Schönberg zu Freiburg: Arbeitsämter. Wir beschränken uns darauf, diese beiden kleinen aber gewichtvollen neuerdings erschienenen Schriften aus der reichen Literatur des vorliegenden Gegenstandes anzuführen, weil wir ihren Inhalt theilweise zu unserer speciellen Beurtheilung gezogen haben.

machen, ihn wo möglich zu beseitigen, die Forderung der socialen Frage, so weit angänglich, im Anschluss an bestehende Verhältnisse im Staate anzuknüpfen und dadurch die Lösung stets im Hinblick auf das bereits Gegebene, wenn auch nicht herbeizuführen, so doch allmälig ihrem Ziele näher zu bringen. In dieser Beziehung werden wir, wie es uns scheint, durch die Art und den Erfolg in gewissen Arbeiterbewegungen unterstützt. Dieselben haben ihr nächstes Ziel — eine Erhöhung der Arbeitslöhne — mehr oder weniger erreicht; ob durch diese theilweisen Siege die Opfer aufgewogen sind, welche sie gebracht, ob die Frage der Nothwendigkeit der Erhöhung des Arbeitslohnes dadurch zu ihren Gunsten für entschieden zu erachten ist, ob es überhaupt der Arbeiterbewegung ferner gelingen wird, zu diesem Resultate und zu welchem überhaupt zu gelangen, das sind Fragen, die sich nicht allgemein und schwer im einzelnen Falle beantworten lassen. Jeder dieser Fälle ist verschieden und ganz besonders durch Concurrenz und Umstände modificirt; denn diese haben selbst an sich begründet erscheinende Agitationen zum Falle gebracht. Soviel ist aus ihnen schon jetzt zu entnehmen, dass ein sittlicher Halt in ihnen trotz mancher sie begleitenden Ausschreitungen nicht verkannt werden kann, und dass sie in den Augen der Gesammtbevölkerung, welche gerade in ihren höher gebildeten Klassen sie im Wesentlichen als Auswüchse revolutionärer Bestrebungen zu betrachten und unwillig ihnen den Rücken zu kehren gewohnt waren, an Theilnahme und moralischer Bedeutung gewonnen haben, ohne die Interessen der Arbeitgeber herabzusetzen.

Wir können uns die Hoffnung nicht versagen, dass die möglichst allseitige Beschäftigung mit den Forderungen in der socialen Frage ihre scharfen Seiten abstumpfen, und das Nothwendiggebotene in ihr zur Anerkennung bringen werde. Wir haben in dem Folgenden eine Art von systematischer Behandlung der uns gestellten Aufgabe nur deshalb für angemessen erachtet, weil die weite Ausdehnung des Feldes in der socialen Frage, welche in die verschiedenen Verhältnisse des Staatsverbandes, der Gesellschaft, des Erwerbs und des Lebens überhaupt hinüberreicht, eine solche Theilung und Zerlegung ihrer Wirkungssphären, schon der klaren Uebersicht und Beurtheilung halber, erheischte; bei der versuchten Ausführung sind wir uns der Schwierigkeit, ja des Misslingens eines strengen Auseinanderhaltens der Wirkungssphären, welche vielfach in einander fliessen, wohl bewusst geworden, wesshalb uns der Wunsch nicht ungerechtfertigt erscheint, dass die Kritik sich nicht auf einzelne Theile allein beschränken, vielmehr das Ganze in seinem Zusammenhange umfassen möge.

---

2.

## Die sociale Frage nach ihrer rechtlichen Begründung im Staate.

Die Verdunkelung des Standpunktes der socialen Frage, und die eben aus der Unklarheit desselben entspringende mehr oder weniger tiefgreifende Besorgniss Aller, die ihre Lösung beschäftigt, hat ihren Grund in der Vermischung des Staatsberufes mit allen möglichen und unmöglichen Fragen der Volkswirthschaft. Dieses Durcheinander-Berathen der dabei zur Sprache kommenden allerdings oft genug verwickelten und schwierigen Fragen, deren Beantwortung sich meist in sogenannter Staatshilfe zuspitzt und centralisirt, ohne deren rechtliche Natur einer näheren Erwägung zu unterwerfen und mit praktischen Vorschlägen ihrer möglichen Durchführung hervorzutreten, ist auch in den neuerdings von Lehrern der Nationalökonomie veröffentlichten Denkschriften im gewissen Umfange hervorgetreten und hat ungeachtet aller und vielumfassender Darlegung der factischen Verhältnisse und scharfer Beurtheilung der Mangel im volkswirthschaftlichen Leben, wenig zur Klärung der Frage behufs ihrer Lösung, noch weniger aber zur Beruhigung oder sonstigen Ueberzeugung in der nun einmal festzuhaltenden Rechtssphäre beizutragen vermocht.

Die allgemeine Tendenz der socialen Frage ist die beanspruchte Hilfe zur Abwendung des behaupteten Nothstandes eines erheblichen Theils im Volke. Der Anspruch ist an sich kein neuer, schlechte Zeiten werden von sehr Vielen immer behauptet! Neuerer Natur aber ist er insofern, als er nicht nur numerisch von einem bedeutenden Theile der Bevölkerung, sondern von einer mehr oder weniger abgeschlossenen, theilweise sogar organisirten Klasse des Volkes, nämlich der sogenannten arbeitenden Klasse, zum Ausdruck gelangt, und in seinem Ziele nicht nur eine vorübergehende, sondern *nachhaltige, dauernde* oder gar *garantirte Hilfe* erstrebt. In diesem Umfange ist der Anspruch, namentlich gegen den Staatsverband, ein neuer;

denn die Gesetzgebung innerhalb desselben hat sich, wenigstens in directer Weise, mit ihm noch nicht beschäftigt. Demungeachtet bietet doch die Lage derselben und die Staatsaction überhaupt mancherlei Anknüpfungspunkte, die geeignet erscheinen, sich den socialen Ansprüchen zu nähern und sie für den Staatsberuf klar darzustellen.

Das Hauptgesetz für die Hilfe im Staat ist das der öffentlichen Armenpflege, welches die Gewährung der nothdürftigen Substitenz der Armen und Erwerbsunfähigen zum Ziele hat. Abgesehen hiervon wird in der gesetzlichen Verpflichtung zur Gewährung der Substitenz unterschieden der standesmässige Unterhalt von einem nur nothdürftigen. Wenngleich der Unterschied der Stände in rechtlicher Beziehung und verfassungsmässig nicht mehr besteht, so sind doch die äussern Merkmale factisch stehen geblieben; jedenfalls hat das Gesetz in dem Begriffe des Standesmässigen bei Gewährung des Unterhalts mehr die nach Vermögen, Erwerbsart und Bildung thatsächlich hervortretenden Unterschiede, als die nach der Geburt im Auge gehabt. Nach seiner Bestimmung haben Eltern und Kinder wie Ascendenten und Descendenten erforderlichen Falls gegenseitig sich standesmässigen Unterhalt zu gewähren; auch im Fall einer Schadloshaltung kann von einem solchen Anspruche die Rede sein, dessen Höhe im Streitfalle der Richter zu entscheiden hat. Was darunter im Besonderen verstanden wird, ist ohne nähere Massgabe dem richterlichen Ermessen nach dem Verhältniss der Familie überlassen, deren Erwerbs- und Lebensweise einen wesentlichen Massstab bilden dürfte. Anders stellt sich schon die Verpflichtung unter Geschwistern, die sich nur den nothdürftigen Unterhalt zu gewähren verpflichtet sind; auch hier ist die Festsetzung der Höhe desselben dem richterlichen Ermessen, im Falle eines Streites überlassen, ohne dass dieses etwa an die am Orte üblichen Sätze der öffentlichen Armenpflege gebunden sein dürfte. Wir glauben annehmen zu dürfen, dass der Richter dieselben nach Massstab und Umstände der Regel nach mit Recht überschreiten, jedenfalls aber nicht unter dieselben seine Festsetzung bestimmen wird, selbstverständlich überall vorausgesetzt, dass die Verpflichteten selbst in der Lage sich befinden, das Erforderliche zu leisten. Ausser in Ausübung der richterlichen Gewalt nimmt der Staat von diesen Verpflichtungen der Verwandten, soweit nicht die öffentliche Armenpflege der Aufsicht wegen ihn dazu nöthigt, keine weitere Notiz. Dagegen ist er doch veranlasst worden, theils aus Gründen der dienstlichen Disciplin, theils aus Noth- und Bedürfnissgründen bei Gemeinden oder ganzen Landesdistricten, theils endlich aus Gründen der Leistungsfähigkeit der Wehrkraft des Staates, die Subsistenzfrage zu seiner Beurtheilung zu ziehen und bezügliche Massnahmen zu ergreifen. In erster Beziehung verlangt der Staat als Bedingung der dienstlichen Zulassung gewisse Nachweise der Subsistenz, — als bei Beamtenkategorien, namentlich für Zeiträume ihrer amtlichen Vorbereitung, bei den einjährigen Freiwilligen, bei den Subaltern-Offizieren im Fall ihrer Verheirathung, — in geringerem oder höherem Grade, und kann sich insbesondere als grosser Arbeitgeber für alle Staatsbeamten der unabweisbaren Prüfung nicht entschlagen, ob das Gehalt derselben, namentlich in ihren unteren Stufen, zu ihrer leistungsfähigen Ernährung ein ausreichendes ist. — In der anderen Beziehung nöthigt ihn der Fall des Nothstandes. Das Gesetz verpflichtet die Regierung, die Leistungsfähigkeit ganzer Gemeinden und Gemeindeverbände bezüglich der ihnen obliegenden Verpflichtungen ihrer Prüfung zu unterwerfen; jede gerichtliche Execution gegen dergleichen Corporationen erheischt eine solche und unterliegt den Modalitäten, welche die Regierung zur Erhaltung der sogenannten Prästationsfähigkeit für geboten erachtet, sowohl den rechtskräftig feststehenden Privat-Ansprüchen, als den sonstigen meist ausserordentlichen Leistungen gegenüber, die den Corporationen obliegen, und nicht selten unvorhergesehener Weise entspringen, als zum Beispiel bei Schul-, Kirchen- und Deichbauten u. dgl. Es giebt ferner der zeitweise Nothstand, der durch Feuer- oder Wasserschäden, Missernten, Epidemien erwächst, dazu die wohlbegründete Veranlassung. Wie die Regierung in solchen Fällen die Fesstellungen der thatsächlichen Wahrheitsüberzeugung bewirkt, ist natürlich sehr verschieden; ebenso eintretenden Falls sind es die Massnahmen zur baldigen oder allmähligen Wiederherstellung eines normalen Zustandes. Sie bestehen in Festsetzung von Terminzahlungen, zinsbaren oder zinsfreien Vorschüssen, Abgabenerlässen und zuletzt directer Unterstützung.

Endlich führen wir die bekannte gesetzliche Bestimmung vor, wonach Staat, Gemeinde und Kreis verpflichtet sind, auf den Fall der Mobilmachung der Armee für die Subsistenz der Familien der zu derselben einberufenen Wehrmänner zu sorgen und einzustehen. Dabei sei hervorgehoben, was ausserdem für dieselben im letzten glorreichen Kriege von allen Schichten der Bevölkerung geleistet worden; es war, wie wir wissen, viel und reichlich, und nicht selten, — in Folge der unerwartet längeren Dauer des Krieges, — über die Kräfte der Geber hinaus und mit dem Zwecke gern gegeben, um die Abwesenheit der Ernährer ihren Familien materiell in keiner Weise fühlbar werden zu lassen. War diese Opferfreudigkeit auch wesentlich und naturgemäss von der Vaterlandsliebe dictirt und getragen, so hat doch auch die allgemeine Menschenliebe, die letztere mit einschliesst, ihren unverkennbaren Antheil. Deshalb ist uns diese grossartige Aeusserung freiwilliger Volkskraft auch für unsere Aufgabe von nicht geringer Bedeutung; wir müssen sie mit freudiger und genugthuender Beruhigung und im gewissen Vorgefühle anerkennen, dass auch da, wo sie in den Fällen des Friedens zur Hilfe ganzer Volksklassen berufen werden müsste, sie nicht zurücktreten, sondern thatkräftig und reichlich einschreiten würde.

Aus dem Vorgesagten haben wir den Schluss zu ziehen, dass:

1) der Staatsverband in Fällen des Bedürfnisses vielfach zur Abhilfe eines Nothstandes, und zwar über die Grenze der öffentlichen Armenpflege hinaus eingetreten ist, und eintritt;
2) dass seine Sorge und Hilfe, gesetzlich oder im Spezialfalle, also ausserordentlicher Weise, den Zweck verfolgt hat und verfolgt, die Bewohnerschaft ganzer Districte oder Gemeinden oder sonstige Verbände oder Kategorien in einem leistungs- oder prästationsfähigen Zustande zu erhalten, oder denselben im Fall seiner Beeinträchtigung wieder herzustellen.

Was nun im Staate bisher in dieser eingeschränkten Weise geleistet worden, ist in Wahrheit ein nicht unbedeutender Schritt im Gebiete zur Lösung der socialen Frage in dringend herantretenden Fällen; für uns ist es ein genügender Anknüpfungspunkt, eine Unterlage, um seine Pflicht in diesem Wirkungskreise zu erweitern und auszudehnen. Wir stellen demzufolge das zum Gesetz zu erhebende neue Axiom auf:

> Jeder Erwerbsfähige, dessen Erwerb, ungeachtet voller That- und Willenskraft, zur Gewährung seines leistungsfähigen Nährstandes nicht hinreicht, hat Anspruch auf Hilfe bis zur Herstellung desselben,

und versuchen seine Rechtfertigung.

Wir bezeichneten unsern Vorschlag als ein Neues für die Gesetzgebung; wir müssen uns eigentlich hierin einer Unwahrheit zeihen, und uns berichtigen, indem wir einen der höchsten Gewährsmänner in dieser Sache anführen, welcher das Neue schon im vorigen Jahrhundert als zu Recht bestehend anerkannt hat. Dieser Gewährsmann ist kein anderer als Das allgemeine Landrecht für die Preussischen Staaten, welches Tit. 19 Theil II. Folgendes verordnet:

§ 1. Dem Staate kommt es zu, für die Ernährung und Verpflegung derjenigen Bürger zu sorgen, die sich ihren Unterhalt nicht selbst verschaffen und denselben auch von andern Privatpersonen, welche nach besonderen Gesetzen dazu verpflichtet sind, nicht erhalten können.

§ 2. Denjenigen, welchen es nur an Mitteln und Gelegenheit fehlt, ihren und der Ihrigen Unterhalt selbst zu verdienen, sollen Arbeiten, die ihren Kräften und Fähigkeiten angemessen sind, angewiesen werden.

§ 3. Diejenigen, die nur aus Trägheit, Liebe zum Müssiggange, oder anderen unordentlichen Neigungen, die Mittel, sich ihren Unterhalt selbst zu verdienen, nicht anwenden wollen, sollen durch Zwang und Strafen zu nützlichen Arbeiten unter gehöriger Aufsicht angehalten werden.

§ 6. Der Staat ist berechtigt und verpflichtet, Anstalten zu treffen, wodurch der Nahrlosigkeit seiner Bürger vorgebeugt, und der übertriebenen Verschwendung gesteuert werde.

§ 7. Veranlassungen, wodurch ein schädlicher Müssiggang, besonders unter den niedern Volksklassen, genährt, und der Trieb zur Arbeitsamkeit geschwächt wird, sollen im Staat nicht geduldet werden.

§ 10. Auch Stadt- und Dorfgemeinen müssen für die Ernährung ihrer verarmten Mitglieder und Einwohner sorgen.

§ 14. Die Vorsteher der Corporationen und Gemeinen sind schuldig, sich nach der Ursache des Verfalls ihrer Mitglieder zu erkundigen, und dieselben der Obrigkeit zur **Abhelfung** in Zeiten anzuzeigen. —

Wir müssen bekennen, dass diese Bestimmungen des Landesgesetzes, welche seit ihrem Erlasse nirgend eine Abänderung erfahren haben, in Wahrheit alles schon umfassen, was wir im Grunde erst als eine neue Verbesserung im Gesetze bezeichneten, ja sie gehen noch weiter, indem sie die Ernährungs- und Verpflegungspflicht im § 1 unmittelbar dem Staate, und ohne Grenze und Einschränkung, nicht einmal an die von uns für erforderlich erachtete Voraussetzung eines Nothstandes oder einer Arbeitslosigkeit, sondern lediglich dem Wortsinne nach an die Thatsache knüpfen, dass der Unterhalt nicht selbst von den zu Ernährenden beschafft werde. Es ist nun anderseits zwar richtig, dass diese allgemeine gesetzliche Vorschrift nicht zur praktischen Ausführung gediehen, und dass sie auch ihrem Geiste nach und in Verbindung mit den folgenden nur bedingungsweise interpretirt werden muss. Demohnerachtet lässt sich das Bestehen der gesetzlichen Staatspflicht zur allgemeinen Fürsorge für Ernährung und Verpflegung seiner Bürger nicht wegläugnen, und wenn spätere Gesetze die engeren Grenzen für die öffentliche Armenpflege gezogen haben, so ist dadurch die allgemeine landrechtliche Staatspflicht unseres Erachtens weder abgeändert, noch aufgehoben worden; dieses hätte ausdrücklich und namentlich geschehen müssen.

Wir haben somit in der That ein Gesetz, welches bereits die Pflicht des Staates in der socialen Frage nach ihrem wesentlichen und hauptsächlichen Kerne, nämlich die der Erhaltung des Nährstandes, anerkennt; es kommt nur darauf an, ihm, dem Bedürfniss der Zeit entsprechend, Geltung und Leben zu verleihen. Die ängstlichen Gemüther in der socialen Frage werden aber vielleicht darin eine Beschwichtigung finden, dass es sich gar nicht mehr um den Erlass eines neuen gefährlichen Gesetzes, sondern nur um die richtige zeitgemässe Ausführung eines alten handelt.

Abgesehen hiervon fragen wir nun, wo liegt die innere staatliche oder volkswirthschaftliche Begründung dieses socialen Satzes, welcher die bisherigen Principien des erwerblichen Lebens innerhalb des Staatsverbandes gänzlich zu verschieben scheint oder gar seine Fundamente der eigenen Selbsthilfe zu untergraben droht? Von wissenschaftlicher Seite erachtet man wohl denselben als den ersten Schritt einer neu zu organisirenden Volkswirthschaft, deren Ziel die Schaffung des Culturstaates ist, nachdem der Rechtsstaat bereits fest begründet, um den Menschen die menschenwürdige Existenz zu sichern. Wir stehen nicht auf diesem idealen und unsichern Culturboden des Staatszwecks, dessen rechtliche Motivirung sich in ethischen Sätzen und humanen Anschauungen verläuft. So hoch wir solche stellen im freien Leben der Individuen und hochhalten als die Fundamentsteine zur Erreichung aller gesellschaftlicher Zwecke in ihren weitesten Kreisen, so verwerfen wir sie als Gründe des neuen socialen Satzes in der erweiternden Bedürfnissfrage. Unsere Stellung zur socialen Frage ist eine andere. Wir vertreten als die Grundlage der nach unserer Ansicht durchaus fest und rein zu erhaltenden gesellschaftlichen Ordnung vorerst den Rechtsstaat, und können keineswegs zugeben oder anerkennen, dass derselbe bereits fest begründet, geschweige vollständig ausgebildet ist; er bedarf vielmehr in vielen fundamentalen Sätzen, Organismen und Zielen der Ausführung und allmäligen Vollendung. Alle Verhältnisse zur Kirche, Schule, der ganze Aufbau der Selbstverwaltung und Decentralisation in neuer Gemeinde-, Kreis- und Provinzialordnung sind oder kommen erst zur Entwicklung, und dabei kann und darf von volkswirthschaftlicher Seite aus die sociale Frage nicht mit Stillschweigen übergangen werden. Was aber den eigentlichen Kernpunkt, die Rechtsbegründung ihres oben genannten Ausflusses, anbetrifft, so kommt es darauf an, dass der Rechtsstaat nach seinem eigentlichen Beruf, der ohne den Gemeindeorganismus nicht gedacht werden kann, — richtig construirt, und namentlich wie in demselben die individuelle Stellung des freien leistungsfähigen Staatsbürgers gedacht, gewahrt und gesichert wird. Es bedarf keiner weiteren Ausführung, dass der Rechtsstaat für seinen Lebensorganismus, wie ihn das Bedürfniss der gegenwärtigen Civilisation hinstellt, als sein eigentliches maassgebendes Fundament eine Gesammtheit freier leistungsfähiger Staatsbürger, aus der die Volksvertretung, im Gegensatz der organischen Staatsregierung hervorgeht, voraussetzt. Das Kennzeichen, wie das höchste Recht — das individuelle Recht des Staatsbürgers — ist das Wahlrecht; die Ausübung desselben setzt sein freies Selbstbestimmungsrecht unbedingt voraus. Abgesehen von dem Ausnahmefall des strafrechtlichen Verlustes des Wahlrechts geht dasselbe principiell für den Staatsbürger verloren, wenn er eine dauernde Unterstützung im Wege der öffentlichen Armenpflege erhält, also Ortsarmer wird. Das Gesetz nimmt mit vollem Rechte an, dass der Ortsarme nicht mehr ein vollberechtigter Staatsbürger sein kann. Worin besteht aber diese Eigenschaft und worauf gründet sie sich, nicht mit Beziehung auf die ethische Seite oder die Höhe der Intelligenz, für welche kein Maasstab zu finden, sondern in Bezug auf die praktische Seite des bürgerlichen Lebens? Sie ist offenbar und in der sehr scharf fühlbaren Seite des Materialismus begründet, in seiner leistungsfähigen Subsistenz, seinem nothwendigen ausreichenden Nahrungsstande. Derjenige, welcher nicht so viel erwerben kann, um sich vom Verdienst satt zu essen, zu kleiden, die Abgaben und Miethe zu bezahlen, oder sonst die Seinigen mitzuernähren, ist kein freier, daher kein vollberechtigter Staatsbürger mehr; er hat einen Theil seiner Freiheit eingebüsst; er ist abhängig von Andern, muss die an seiner Subsistenz fehlenden Mittel aus offener Armenkasse oder durch andere Beihilfe erhalten oder darben; es fehlt ihm die Leistungsfähigkeit. Diese Leistungsfähigkeit des Individuums und mit ihr die staatsbürgerliche Berechtigung muss erhalten, und im eintretenden Fall der Noth durch gemessene Beihilfe wiederhergestellt werden. Das ist die Pflicht des Staats und seiner Organe, weil seine Lebensorganisation auf dieser Leistungsfähigkeit unmittelbar und mittelbar basirt, weil der ganze wahrhafte Charakter freier Volksentwicklung in der durch die Leistungsfähigkeit bedingten Freiheit jedes Staatsbürgers ruht und sich entfaltet. Erst wenn diese Pflicht des Staates ihr berechtigtes Anerkenntniss erhalten hat, erst dann, und nach dem Umfange der Pflicht entspringt auch das Recht der in ihrer Leistungsfähigkeit beeinträchtigten staatsbürgerlichen Individuen auf Hilfe zur Herstellung derselben. In dieser unwandelbaren Wechselwirkung von Rechten und Pflichten wird das Fundamentalprincip des Rechtsstaats gewahrt und der sittliche Halt gewonnen, der einerseits im eintretenden Falle das beruhigende Bewusstsein auf Hilfe im Nothstande hervorruft, und vor Verzweiflung schützt, andererseits aber den Sporn in sich trägt, durch die Kraft der Selbsthilfe wieder die selbstständige Leistungsfähigkeit zu erringen, die allein den freien Mann charakterisirt.

Dieser Gedanke wird der Leitfaden sein, an welchen das zu emanirende Gesetz über die sociale Frage, seine Bestimmung und organische Schöpfung anzuknüpfen hat; es wird insbesondere auch die Feststellung nicht umgehen können und dürfen, dass alle Diejenigen, welche nun einmal in die Lage gerathen, die öffentliche Hilfe mehr oder weniger dauernd in Anspruch zu nehmen, und dadurch in der Freiheit ihrer staatsbürgerlichen Wirksamkeit Einbusse erhalten, auch zeitweise und so lange ihrer politisch-bürgerlichen Berechtigung, namentlich des Wahlrechts verlustig gehen müssen, bis sie wieder durch die ihnen gewordene Hilfe oder durch eigne Kraft sich in die Lage versetzt haben, der öffentlichen Beihilfe zu entbehren.

Was sonst noch hinsichtlich des Rechtstandpunktes hervorzuheben, verbinden wir mit der Erörterung der einschlagenden Grundsätze der Volkswirthschaft im folgenden Artikel.

3.

## Die sociale Frage vom Standpunkte der Volkswirthschaft.

Wir haben in dem Vorhergesagten den Staat als den wesentlich und fundamental vom Rechte gebotenen und getragenen Gesellschaftsverband — Rechtsstaat — zum hauptsächlichsten Ausgangspunkte unserer Betrachtung genommen, um darauf einen festen Boden für dieselbe zu gewinnen; wir sind aber weit entfernt, seine gleichzeitige volkswirthschaftliche Aufgabe als eine unwesentliche gering zu achten oder sonst zu unterschätzen. Es ergiebt sich dies schon aus dem Ganzen unserer Prüfungen und der Natur ihres Gegenstandes, wobei die rechtliche und die volkswirthschaftliche Seite nicht scharf auseinander zu halten ist, aus dem sehr nahe liegenden Grunde, weil eben die sociale Frage in ihren vielseitigen und allgemeinen menschlichen Tendenzen beide Seiten der staatlichen Aufgabe durchdringt. Ueberhaupt lassen sich zur Erzielung eines fruchtbaren Gesammtresultats diese beiden ihrem Ursprunge nach verschiedenen Staatsunterlagen nicht scharf getrennt betrachten, sondern müssen nach ihrer gegenseitigen Wechselwirkung oft gemeinsam erwogen werden.

Auch der Rechtsstaat, mit allem was ihm anhängt, ist nichts anders, als das aus dem Leben des Volkes erwachsene geschichtlich entwickelte Ergebniss der anerkannt bildenden Normen seines gesellschaftlichen Verbandes und daher nichts weniger als eine unabänderliche, vielmehr nur als die zeitweise Basis desselben anzusehen, welche nach den Bedürfnissen und Anschauungen der steten Entwickelung und Ausbildung fähig und bedürftig ist. Dass die Factoren der staatlichen Gesetzgebung hierbei aber mit aller Vorsicht, als der Mutter der Weisheit vorzugehen haben, versteht sich von selbst; insbesondere ist es gewiss auch ihre Pflicht und Aufgabe, das Lebensbedürfniss in volkswirthschaftlicher Beziehung in den Kreis ihrer Prüfung einzuschliessen und demselben Rechnung zu tragen.

Auch die Vertreter der Forderungen in der socialen Frage haben sich nicht darauf beschränkt, eine Erhöhung des Arbeitslohnes vom Staate zu verlangen; sie haben — wenigstens in ihren mannigfaltigen Schriften — auch als einen Act in der Gesetzgebung die Aenderung seiner bestehenden Bestimmungen über Eigenthum, Erbrecht u. s. w. nach der Richtung einer Verbesserung der Erwerbslage der arbeitenden Klasse sich als Aufgabe gestellt. Diese Prätensionen haben in ihrer radicalen und fast lediglich aus dem Bedürfniss des Besitzes der einen Volksklasse gegen die andere besitzende entsprungenen, und deshalb nicht motivirten Begründung der Arbeiterbewegung mehr geschadet als Nutzen gebracht. Die grosse Mehrzahl des Volkes, — und wir können in dieselbe auch einen grossen Theil aus der Arbeiterklasse einschliessen, — hat sich von einem solchen — sei es auch legislatorischen — Eingriff in das Eigenthum mit Entschiedenheit abgewandt, und aus demselben einen hohen Grad jener Abneigung — wir wollen nicht sagen, des Hasses gegen sociale Revolution — in sich aufgenommen, die sich auch auf die ganze moralische Seite der Arbeiterbewegung ausgebreitet hat. Auch wir halten dieses Rechtsgefühl der besitzenden Klasse, der Auflehnung gegen jene mehr oder weniger communistischen Anforderungen für ein völlig begründetes; aber wir legen auch auf dieselben als unreife Producte Einzelner nur ein verhältnissmässig geringes Gewicht, und bedauern die Wirkungen, welche die Theilnahme für das Wohl der arbeitenden Klassen so wesentlich vermindert haben. Aber einen Gesichtspunkt müssen wir doch hervorheben, im Anschluss an das Vorhergesagte, zur richtigen Würdigung dessen, was im Staate Rechtens ist, sei es auch nur zur Beruhigung derjenigen, welche derselben in der socialen Frage bedürfen. Auch der Besitz steht unter dem Gesetze des Staates, und unterliegt seiner Gesetzgebung, die sich den Bedürfnissen des Volkes anschliesst. Wir haben ihrer Entwickelung Vertrauen entgegen zu tragen, und können es in der Lage der Gegenwart in vollem Maasse. Wir haben ja genug Erfahrungen in unserer gesetz- und thatenreichen Zeit gemacht. Wer hätte — um einige Beispiele anzuführen — nur vor wenigen Jahren es für rechtlich oder statthaft erachtet, die Gewerbefreiheit mit dem freien Coalitionsrecht, die Abschaffung der Personalexecution, das directe Wahlrecht u. A. zur Durchführung zu bringen, ohne die grössten Gefahren in Aussicht zu stellen? es ist gelungen, und die Furcht war unbegründet. Auch der Begriff des Eigenthums ist im Rechtsstaate kein unantastbarer; wie er bei uns in Gesetz und Leben aufgefasst wird und mit seinen tiefen Wurzeln schon seit Jahrhunderten besteht, ist er nicht einmal deutschen Ursprungs, sondern stammt ganz aus dem Römischen auf Deutschland erst übertragenen Recht. Der Begriff des ursprünglich deutschen Eigenthums war ein ganz anderer, und fusste im Wesentlichen beim Grundbesitz in einer Art des Gemeinde- und Nutzungseigenthums (Gewere, Lehn), und beim beweglichen Besitz (fahrende Habe) in einem Familieneigenthum, das der Hausherr repräsentirte. Nur einen kleinen Rest ächt deutschen Communismus im Eigenthum haben wir noch in Particularrechten gerettet; es ist die der deutschen Rechts- und Gemüthsauffassung tief entsprechende Gütergemeinschaft unter Eheleuten. Aus diesem mehr juristischen als volkswirthschaftlichen Rückblick dürfen wir nur die Ansicht entnehmen, dass, wenn dereinst in später Zukunft auch das gegenwärtige Eigenthum der Gegenstand der gesetzgeberischen Reform in der Richtung unmittelbarer Verwendung für das Gemeindeleben werden sollte, was doch im Bereich der Möglichkeit liegt, wir durch diese Reform im Kreislaufe der Dinge uns Zuständen nähern würden, welche den ursprünglichen Zuständen deutschen Rechts verwandt sind.

Man hat ein Hauptübel in der Staatsverwaltung und damit auch ein wesentliches Hinderniss in der Erledigung der Arbeiter-Erwerbsfrage in der bestehenden Steuergesetzgebung finden zu müssen geglaubt, und hofft von einer mehr oder weniger durchgreifenden, auf andere Principien zu basirenden Umformung eine wesentliche Besserung nach allen Seiten, ohne sich auf andere Mittel und Wege bisher einzulassen. Wir können diese Ansicht nicht theilen, wenigstens uns nicht die Gründe überzeugend darlegen, welche die Garantie des erwarteten Erfolges sichern. Abgesehen von einer Reform in der Einkommensteuer sind uns die bisher und neuerdings angestrebten Reformen nicht ohne erhebliche Bedenken. Eigentlich sind es keine Reformen, sondern nur Abschaffungen von Steuern, die am meisten lästig erscheinen, oder gar Steuerbefreiungen, die bei nachgewiesenem Steuerüberschuss im Grunde und von Rechts wegen selbstverständlich sind; denn keine Regierung, keine Landesvertretung hat je das Recht, Steuern zu erheben, die nicht gebraucht werden.

Wir haben vor Kurzem den Antrag der preussischen Regierung, die längst besprochene Abschaffung der Mahl- und Schlachtsteuer in einer Anzahl grösserer Städte und die damit verbundene Befreiung der untersten Stufen von der Klassensteuer, bei der Landesvertretung einbringen und nicht mit Bedauern wieder zurückziehen gesehen. Neuerdings sind Vorschläge zur Abschaffung der Salzsteuer im Reichstage gemacht worden. Wir gehören zu den letzten, die die dauernde Beibehaltung der Salz-, Mahl- und Schlachtsteuer befürworten, indem wir anerkennen, dass Beide als diejenigen bezeichnet zu werden verdienen, welche auf den Aussterbe-Etat zu bringen sind; denn sie belasten augenscheinlich übermässig die untern Schichten der Bevölkerung. Aber trotzdem sie ohne Weiteres zu beseitigen, auf die bedeutende Einnahme schlechthin zu verzichten und damit deren Entbehrlichkeit für andere dringendere Zwecke des Volkes, und namentlich seiner unteren Schichten anzuerkennen, das können wir nicht übers Herz bringen, ohne unserm Streben für des Volkes Bestes mit allen Kräften eintreten zu wollen, untreu zu werden. Fern liegt uns der Gedanke, als ob auch eine Neigung nach Popularität den Vorschlägen auf Steuerabschaffung anklebe; dieselbe ist ja nach dem Vorhergesagten und im Verhältniss der Steuerentbehrlichkeit durch diese gerechtfertigt, aber den Vorwurf können wir von unserm Standpunkte weder der Regierung noch der Landesvertretung ersparen, dass sie es sich leicht machen, mit der Abschaffung von Steuern vorzugehen, ohne die Gesammtlage der Bevölkerung, namentlich in der Richtung ihrer hinlänglichen Erwerbs- und Leistungsfähigkeit und der vielseitigen Nothstände innerhalb derselben der gründlichsten Prüfung zu unterwerfen und ohne sich die wichtige Frage zu beantworten: Ist es nicht geboten, dennoch die Steuern, die aus Gewohnheit im Laufe der Zeit ihren erträglichen Rechtsbesitzstand sich erworben haben, welcher nun einmal im Volksleben von grosser Bedeutung ist, bis zum sichern Ersatz derselben durch andere bessere — stehen zu lassen und den Ueberschuss derselben in gerechter und geordneter Weise zur unmittelbaren und sichtbaren Verbesserung derselben bedürftigen Zustände zu verwenden? Wir nehmen keinen Anstand, diese Frage im Hinblick auf unsere Volkszustände zu bejahen; wir thun es mit um so grösserer Ueberzeugung, als wir von der Regierung den erst im Volke sorgsam und gründlich zu führenden Nachweis, dass dergleichen Zustände nicht vorwalten, welche der nachhaltigen Beihilfe bedürfen, erwarten müssen, um unsre Ansicht zu ändern; wir legen uns namentlich hierbei die für unsre Aufgabe nicht unwichtige Frage vor: „Wird denn die etwa zu Stande kommende Steueraufhebung unmittelbar irgend einen fühlbaren oder gar dankbaren Einfluss auf die Arbeiterbewegung oder auf die leistungsfähige Subsistenz der untern Erwerbsstufen überhaupt äussern?“ Wir glauben „Nein“. Sie wird nicht das Anerkenntniss finden, welches sie an sich wohl verdient; sie kommt in der Wirthschaftsrechnung der untern Klassen nicht genug zum greifbaren Anschlage und ihre Wohlthat wird eher vergessen als empfunden. Dies Resultat kam schon bei einer Salzsteuerermässigung vor Decennien zur Erkenntniss und wir glauben die Behauptung zu vertreten, dass von der Landbevölkerung, die bei der Salzsteuer vorzugsweise interessirt und zum Theil von einer Auswanderungslust ergriffen scheint, auch nicht Einer wegen der Salzsteuer auswandert, oder wegen ihrer Aufhebung von seiner Absicht zurückkommt.

Die Arbeiterbewegung hat ihren Grund in der behauptlich ungenügenden Höhe des gewerblichen oder Fabrikarbeitslohnes; es ist dies die durch die Masse gleichgesinnter Interessenten unterstützte, daher vorzugsweise sichtbare, fast Gefahr drohende, — aber nicht die einzige Seite der socialen Frage, welche ihrer Natur nach viel weiter reicht und nur in ihrer ganzen Ausdehnung mit Erfolg zum fruchtbaren Gegenstande der volkswirthschaftlichen Untersuchung erhoben werden darf. Auch der Tagelöhner mit seinem Arbeitslohn, oder dem die Arbeit fehlt, der kleine, selbstständig arbeitende Handwerker — zumal in den kleinen Städten, — der auf Bestellung arbeitet, und dem solche mangelt, ja, die ganze Reihe zu niedrig belohnter Beamten aller Art, mit der grossen Zahl arbeits- und erwerbsbedürftiger Frauenzimmer, — sie alle befinden sich in der gleichen Lage — nur mit dem an sich bedeutungslosen Unterschiede, dass bei diesen von einer zum Zweck eines höhern Erwerbes gemeinsam vorzunehmenden Arbeitseinstellung (Strike) gar nicht die Rede sein kann. Schweigend wird in diesen Kategorien der arbeitenden und arbeitsuchenden Klasse der Druck der Noth ertragen und wird selten genug eine Stimme zur Abhilfe laut. Wenngleich statistische Nachweise hierüber weder uns, noch, wie wir glauben, in hinreichend erschöpfender Weise der Staatsregierung zu Gebote stehen, nehmen wir nach unsrer Erfahrung und Anschauung keinen Anstand, die Behauptung als richtig vertreten zu können:

> dass im Allgemeinen bei einem grossen Theile der arbeitenden Klasse im Staate ein Nothstand besteht, dem das erforderliche Maass zum Leben — welches wir oben mit dem Worte eines leistungsfähigen Nährstandes bezeichneten — fehlt.

Wird diese Thatsache nicht geläugnet, so müssen wir anerkennen, dass sie trotz der bisherigen Gesetzgebung, welche die Freiheit des Erwerbs sichert, existent geblieben oder noch mehr zu Tage getreten ist, und dass weder die vom Staate freigegebene Selbsthilfe des Einzelnen oder ihrer Verbindungen, noch der sonstige private sociale Beistand vermocht hat, sie in erfolgreicher Weise zur Erledigung zu bringen. In einem solchen Falle ist es eine Pflicht des civilisirten und wohlgeordneten Staatsverbandes, wie es seinerseits bei Nothständen aus Naturereignissen aller Art bereits mit Erfolg und Nachdruck geschehen, Hilfe zu schaffen. Diese Hilfe wird eine bedeutende und nachhaltige sein müssen, weil sie Zuständen, die mehr dauernd wirken, abhelfen, und ihrer Wiederkehr möglichst entgegen treten soll; sie darf sich nicht kurzsichtiger Weise auf den Standpunkt der Gegenwart beschränken, sondern muss die werdende Zukunft, die kommende Generation, mit ins Auge fassen und in ihre Sorge einschliessen. Schon jetzt ist der Einfluss der Hilfsbedürftigkeit unverkennbar in einem allmähligen Verschwinden des sogenannten Mittelstandes in der arbeitenden Klasse, welcher sich in seiner bisherigen selbstständigen Stellung nicht mehr erhalten kann, und zur abhängigen Lohnarbeit herabsteigt. Ungeachtet des solidarischen Verbandes zur Erschaffung von Capital und Credit, welchen in höchst verdienstvoller Weise der Abgeordnete Schulze mit der Begründung des Wesens der Vorschussvereine in aussserordentlicher Ausdehnung in's Leben zu rufen gewusst hat, ist doch deren Einwirkung nicht von der Fruchtbarkeit gewesen, die erwartet wurde, und hat den angedeuteten Fortgang der Verkümmerung selbstständigen Erwerbes nur aufgehalten, aber nirgend unterbrochen. Es ist eine volkswirthschaftliche Frage, dass und wie demselben anderweitig entgegengearbeitet werde.

Wir stehen hier vor einer Aufgabe von immenser Bedeutung, welche Staatsmänner und Staatswirthschaftslehrer schon lange genug beschäftigt hat und immerdar beschäftigen wird; desshalb wollen wir nicht vor derselben zurückschrecken, vielmehr unsern bescheidenen Beitrag zu ihrem Gelingen nach bester Ueberzeugung liefern. Wir gehen mit um so grösserem Muthe heran, als uns die Absicht fern liegt, einem gänzlich neuen Systeme im Staate und Gesellschaftsleben, einer sogenannten Umwälzung in der Volkswirthschaftslehre, das Wort zu reden, oder gar ein solches neues Gebäude aufrichten zu wollen. Im Gegentheil, wir erkennen die Fruchtbarkeit der bisherigen Bestrebungen auf dem Gebiete der Gesetzgebung, die uns die Freiheit des Erwerbes als eine grosse Errungenschaft gewährt, und die Erfolge der Association in ihrem weitesten Sinne in vollem Maasse an. Wir bekennen es als ein festzuhaltendes Princip der Volkswirthschaft, dass diese Freiheit des Erwerbes in ihrem ganzen Umfange erhalten werden muss, und demzufolge auch die vielfach angegriffene übermässige Anhäufung und Herrschaft des Capitals und seiner Productivität nimmermehr durch directe Maassnahmen abgeschwächt oder eingeschränkt werden darf.

Wir nehmen die Verhältnisse des Erwerbes, wie sie sind und allmählig geworden sind, als die Unterlagen unsrer Betrachtung, und wollen an diese die Reformen zu ihrer Besserung anknüpfen, ohne sie in ihrem Fundamente zu erschüttern oder auch nur zu schädigen. Wir wollen keine neue Volkswirthschaft von Grund aus anbahnen; wir halten ein solches Mühen für ein vergebliches und fruchtloses — wir wollen nur die bisher anerkannten Grundsätze derselben nach den hervortretenden Bedürfnissen derselben nutzbar ausdehnen, und zur erspriesslichen Geltung bringen. Wir wollen im steten Hinblick auf das Vorhandene und Gegebene, das, unsers Vermeinens, praktisch Erreichbare erstreben, und uns freuen, wenn es uns allmählig und nur zum Theil gelingt — möge die Zukunft auch das Ihrige thun! Auf diesem eingeengten, unmittelbar das Leben in der Gegenwart angehenden Gebiete kann uns jeder theilnehmende Menschenfreund folgen, ohne uns den Vorwurf zu machen, dass wir Unmögliches oder gar Gemeingefährliches anstreben. —

Der Nothstand der arbeitenden Klasse wurzelt, wenn auch nicht in Allem, so doch hauptsächlich in der Höhe des Arbeitslohnes. Wir glauben es als einen im Wesentlichen unstreitigen Satz constatiren zu müssen:

Der Arbeitslohn ist durchschnittlich zu niedrig! Auf eine wissenschaftliche Untersuchung der Natur des Arbeitslohnes müssen wir, als die Grenze unserer Aufgabe überschreitend, verzichten, und können uns nur auf diejenigen factischen und rechtlichen Erörterungen, welche für die Uebersicht der Sachlage nothwendig erscheinen, beschränken. Zunächst ist bei obigem Satze

a. nur von einem Durchschnitt des Arbeitslohnes die Rede; an vielen Stellen ist derselbe unzweifelhaft ausreichend, und noch mehr als dieses; der Begriff des Durchschnittlichen ist aber durchaus nicht so aufzufassen, als wenn demselben im Allgemeinen eine bestimmte in Geld darstellbare Grösse zum Grunde gelegt werden kann und darf; dies ist deshalb unzulässig, weil

b. der Arbeitslohn ein wesentlich verschiedener ist und seine Höhe bestimmt wird
   1) durch den Preis der localen Lebensbedürfnisse überhaupt; wobei baares Geld und Geldeswerth (Wohnung, Heizung, Vieh- und Landnutzung, Naturalien, Kleidung, Armen- und Krankenpflege etc. etc.) durchaus gleichbedeutende Begriffe sind;
   2) durch die localen Lebens- und Ortsverhältnisse;
   3) durch die Nachfrage resp. den Ueberfluss der Arbeitskraft;
   4) durch die Art und die etwaige Kunstfertigkeit der Arbeit selbst;
   5) durch die Beschaffenheit der Person des Arbeiters, seine Leistungsfähigkeit im Wollen und Können und seine dadurch bedingte wirkliche Leistung.

c. Es ist daher die Untersuchung über zeitige Lage des Arbeitslohnes und die Gründe seiner Höhe nach allen diesen Richtungen zu bewirken und festzustellen, ob oder welche derselben für massgebend zu erachten sind.

d. Was von Arbeitslohn hier gesagt ist, gilt überhaupt von Erwerb und Verdienst der arbeitenden Klasse, also namentlich von dem des kleinen Handwerkers. Die allgemeine möglichst einheitliche und gleichartige Fesstellung aller dieser Erwerbsarten der untern Stufen, zumal im ganzen deutschen Reiche, wie sie die volkswirthschaftliche Uebersicht und Beurtheilung erheischt, würde die ausserordentlichsten Verschiedenheiten an den Tag legen, und zwar nicht bloss in dem thatsächlichen Verbrauch zum Lebensunterhalt der Einwohner, sondern auch in ihrer Vorstellung selbst darüber, was zum Bedarf desselben gehört. Aus manchen Gegenden, sowohl im Flachlande wie im Gebirge, welche die Natur durch Lage, Klima und Bodenproductionskraft stiefmütterlich behandelt hat, würde sich ein Bild armseliger Zustände enthüllen, welche an sich die allgemeine hilfsbereite Theilnahme zu erwecken vermöchte, — andererseits würden wir wahrnehmen, wie solche Zustände von ihren Trägern nicht selten gleichsam wie eine unvermeidliche Erbschaft aus den Händen ihrer Vorfahren in der Gewohnheit bisheriger Lebensweise erträglich gefunden, und deshalb ohne Klage, wohl auch ohne ausreichendes Verständniss einer bessern Lage, kaum empfunden werden. Dieselben würden staunen über die Höhe der Lohnforderung, welche an andern Orten, auch nur als zum Lebensunterhalt nothwendig, energisch gestellt wird, und doch wird an beiden Orten nur eben dieselbe Arbeitskraft geleistet und bezahlt. —

Diese Verschiedenheiten und Gegensätze liegen in der Natur der Sache und lassen sich nicht ausgleichen; es kann dies auch nicht die Aufgabe der Volkswirthschaft sein. Für die Ausführung ihrer massgebenden Grundsätze werden wir aber aus dem Vorhergesagten den nützlichen Schluss ziehen dürfen, dass, sowie aus der lauten Energie, mit der eine Lohnerhöhung gefordert wird, noch nicht eine Begründung derselben zu folgern ist, auch aus dem stillen Ertragen dürftiger Lebensverhältnisse noch nicht der Verzicht auf Hilfe zum Besserwerden geschlossen werden darf, denn selbst das Hungern wird zur Sache der Gewohnheit! —

Der Arbeitslohn oder Arbeitserwerb muss die Höhe erreichen, vermittelst welcher sich der leistungsfähige Nährstand des Arbeiters begründen lässt; das zu demselben fehlende muss ihm im Wege der Hilfe gewährt werden. Dieser Satz, im vorigen Artikel rechtlich, muss hier als volkswirthschaftlich begründet anerkannt werden; denn in der Erhaltung der Leistungsfähigkeit der Individuen beruht das Wesen im Staatsverbande und seine eigene Kraft und Existenz; selbst aus der in demselben anerkannten Pflicht der öffentlichen Armenpflege lässt er sich, wenigstens als Präservativ, herleiten und rechtfertigen, da letztere nothwendig eintreten müsste, wenn der Nährstand eine Zeitlang aufgehört hat.

Die Vorfrage, die bei Geltendmachung obigen Satzes erledigt werden muss, ist:

„Worin besteht und was erfordert der leistungsfähige Nährstand?“ —

Es handelt sich hier um dem Umfang der Bedürfnisse eines Individuums in der untern Stufe des gewöhnlichen Arbeitserwerbs an einem bestimmten Orte und nicht um Mehr. Daraus folgt einerseits, dass von einem höhern Satze der höhern Stufe, wie etwa dieselben in ihrem bisherigen Erwerb ihre Subsistenz zu führen pflegte, nicht die Rede sein kann. Anderseits ist eine Abstufung des Satzes innerhalb gewisser Grenzen nicht ganz auszuschliessen, da — natürlich abgesehen von dem verschiedenartigen Bedürfnissumfange der Familienlast, — doch ein Unterschied in der Art der Arbeitsleistung, zum Beispiel zwischen Tagelöhnern und

Handwerksgesellen oder technisch geübten Fabrikarbeitern, für massgebend wird erachtet werden müssen. Im Uebrigen dürfen nur Minimalsätze zur Feststellung der ausschliesslich nothwendigen Gegenstände gelangen; diese müssen aber auch alle Bedürfnisse, namentlich auch die Abgabenpflicht umfassen, wogegen jeder Satz für einen Vergnügungsgenuss sich von selbst verbietet. Wir zweifeln nicht, dass die jetzt üblichen Lohnsätze zum nicht geringen Theile jene amtlich festzustellenden Sätze erheblich und mit vollem Rechte überschreiten werden; aber wir müssen doch hervorheben, dass die Forderungen eines erhöheten Lohnes sich nicht nur nach den von der Höhe der Nahrungsbedürfnisse gezogenen Grenzen richten, sondern oft Lebensweisen im Auge haben, die nun einmal der Regel nach von dem gewöhnlichen Arbeitsverdienst nicht übertragen werden können. Derjenige Arbeiter, welcher glaubt einen Arbeitslohn unter gewöhnlichen Verhältnissen — denn ausserordentliche machen immer Ausnahmen — beanspruchen zu dürfen, welcher ihm den regelmässigen Besuch der Kneipen und den beliebigen Verbrauch von Bier und Cigarren und noch mehr ermöglichen soll, ist offenbar im Unrecht. Die Höhe des Arbeitslohnes steht dem Princip nach unter der massgebenden Vorschrift seiner ordentlichen, wirthschaftlichen und mässigen Verwendung. Nach diesen leitenden Unterlagen kann für jeden an bestimmten Orten eintretenden Fall die Normalisirung der zum leistungsfähigen Nährstande erforderlichen Arbeitslohnshöhe keine erheblichen Schwierigkeiten machen; diese mindestens jedem Arbeiter zu verschaffen, ist Aufgabe und Pflicht der Volkswirthschaft im Staate. —

Wir kommen nun zu der wichtigen Frage: „Durch welche Mittel und Wege hat sich die Volkswirthschaft dieser Pflicht zu entledigen?“

Schon aus der verschiedenen Natur des Arbeitserwerbs und der ihn bestimmenden und zusammensetzenden Elemente ist es einleuchtend, dass es kein allgemeines Hilfsmittel giebt, welches für Alle oder auch nur für Viele der Regel nach passt. Wir gehen hierbei nicht näher ein auf die Bedeutung der tiefliegenden innern Gründe der äusserlich hervortretenden dürftigen Nahrungslage in einem Theile der arbeitenden Klasse, insoweit sie derselben moralisch zur Last fallen. Sie charakterisiren sich in Faulheit, die sich declarirt in den Worten: „Viel Arbeitslohn und wenig Arbeit,“ und versteckterweise nicht selten in den Redeformen: „Verkürzung der Arbeitszeit und Vermehrung der Freistunden, gleicher Arbeitslohn ohne Unterschied der Leistungsfähigkeit und des Fleisses des Arbeiters" verbirgt; in Leichtsinn, — gemeinhin das Ergebniss schlechter Erziehung, — mangelhafter Schulbildung, sowie Mangel moralisch-religiöser Haltung, äusserlich hervortretend durch Mangel an Sparsamkeit, Gewöhnung an Genüsse, die der Arbeitslohn nicht zu decken vermag, zeitweise Unmässigkeit und übereiltes Heirathen. — So wichtig die Beantwortung der Frage ist, durch welche Massnahmen die Quellen dieser Thatsachen allmählig und nachhaltig zu verschliessen, so können wir sie doch als unsrer Aufgabe zu fern liegend, hiermit nur nebenbei hervorheben.

Die Wissenschaft sagt: „es muss eine neue besondere Organisation der Gesellschaft begründet werden." Wir haben aus diesem Satze für die Lösung der Aufgabe nichts gewinnen können, da derselbe die Frage des Wie? und Was? der neuen Organisation ganz unbeantwortet gelassen hat.

Ganz neue Grundsätze und Experimente für das menschlich-sociale Leben vorzuschlagen, erscheint uns eine erfolglose Mühe und daher nicht rathsam, am wenigsten harmonirt es mit unsrer Aufgabe, deren Lösung sich an Vorhandenes anzuschliessen strebt. Wir suchen daher zunächst Hilfe in den freien Gesellschaftssphären, die sie bisher gewährt oder doch zu gewähren versucht haben. Da treten uns nun als Producte des Vereinswesens sociale Verbände zu den verschiedensten, aber mehr oder weniger den Wirkungskreis der socialen Frage umfassenden Zwecken entgegen; wir heben von denselben, ohne Anspruch auf Vollständigkeit, — namentlich hervor:

die Vereine für Beschäftigung und Verdienst:

Vereine für Arbeit, gegen Arbeitsscheu und Bettelei, für Beschäftigung von Personen, die aus einer Strafanstalt entlassen worden, Gesindebelohnungsvereine;

für Capital und Credit:

Vorschuss-, Spar- und Sparkassen-Vereine;

für Wohnung:

Gemeinnützige Baugesellschaften, Vereine für Arbeiterwohnungen, Herbergen, namentlich für ledige Frauenzimmer und Asyle für zeitweises Unterkommen;

für Nahrung:

Consum- und Magazinvereine, Suppenanstalten, Volksküchen;

für Kinderpflege und Erziehung:

Kinderbewahranstalten, Vereine für verwahrloste Kinder, zur

Bekleidung armer, namentlich Schulkinder, zur Ueberwachung von Kostkindern, Waisenhäuser und sonstige private Erziehungsanstalten;

für Gesundheit:

Krankenpflege-, Wasch- und Badeanstalten, Privat-Krankenhäuser, Vereine für Krankenpflege, freie Medizin und ärztliche Behandlung armer Wöchnerinnen;

für Alter und auf den Todesfall:

Alterversorgungsanstalten, Renten- und Lebensversicherungen, Wittwenkassen, Sterbekassen;

für einzelne Gewerbe und industrielle Unternehmungen:

Gewerbevereine, Gewerksgenossenschaften.

Dieses Gesammtbild socialer Hilfe, das aus der Kraft der Gesellschaftshilfe sich in so verschiedenen Zweigen entwickelt und zu einem fruchttragenden Baum bereits erwachsen ist, macht mit Recht den Eindruck einer gewissen Befriedigung und redet der Freiheit des gesellschaftlichen Bodens, in den der Baum gepflanzt worden, lebhaft und thatsächlich das Wort. Aber nur zn leicht lassen wir hiermit unsern Gesichtskreis, der das weite Ganze umfassen soll, zu sehr einengen. Fragen wir nicht bloss nach den Erfolgen jedes einzelnen gesellschaftlichen Verbandes obenangedeuteter Art, sondern vielmehr nach dem Gesammterfolge aller, so müssen wir ihn eben in Beziehung auf das Ganze als einen geringen, als einen noch sehr unzureichenden anerkennen. Warum? Weil die Gesellschaftshilfe immer noch auf zu kleine Kreise sich beschränkt, daher zu kraft- und mittellos ist, weil sie noch nicht alle Schichten der bürgerlichen Gesellschaft umfasst und durchdringt, weil sie endlich des organischen Elements entbehrt, welches sie mit den Organen im Staatsverbande in fruchtbare Wechselwirkung setzt. Bei alledem und trotzdem bildet diese gesellschaftliche Wirksamkeit einen überaus werthvollen — wenn auch im ganzen Lande noch vereinzelt stehenden — Stamm zur weiteren Verpflanzung, einen gesunden Kern, in vielseitigem Verständniss und ausdauernder Willenskraft, welcher nur der richtigen Pflege und der anregenden Wärme zur fruchtreichen Entfaltung bedarf; deshalb sagen wir auch mit voller Ueberzeugung: Die sociale Frage kann und darf in ihrem **ersten** aber hochwichtigen Stadium nicht anders als auf dem Wege ihres eigenen Ursprunges, nämlich dem **socialen Wege der Gesellschaft selbst** in ihrer freien, aber allge-

**mein und organisch auszubildenden Entwicklung, ihre Lösung erhalten.**

Die Gesellschaftshilfe lässt sich in zwei grosse Kategorien getrennt betrachten, ohne desshalb in ihren leitenden Richtungen eine wesentliche Verschiedenheit in sich zu schliessen — die speciell gewerbliche und die allgemeine Vereinshilfe.

## 1. Gewerbliche Genossenschaften und Vereine.

Das Bindemittel gleicher oder verwandter Gewerbsthätigkeit ist ein natürliches und nachhaltiges; es hat sich deshalb trotz aller Lösung der Bande des alten Innungs- und Zunftwesens formell und materiell vielfach erhalten. Auch die deutsche Gewerbeordnung Titel VI. hält deren corporatives Fortbestehen aufrecht und organisirt ihre fernere Verwaltung. Wir können uns diesen gesetzlichen Bestimmungen durchweg nur anschliessen. Es kommt darauf an, sie nach dem Bedürfniss der Zeit fruchtbar zu machen, neu ins Leben zu rufen, zu erweitern und zu kräftigen. Der Anschluss dieser gesetzlich geordneten Gewerksverbände an die Gemeinde-Verwaltung, welcher die Aufsicht zusteht (§ 96 der Gewerbeordnung) ist von dieser nicht als eine Last, sondern als ein wichtiges Recht zu betrachten, dessen Pflichten aufs sorgsamste zu pflegen sind.

Wo Innungsverhältnisse nicht bestehen, oder auch neben denselben, haben sich freie Gewerbevereine zur Berathung gemeinsamer Gewerbeinteressen und deren Unterstützung vielfach bewährt; ingleichen sind Gewerksvereine zum besonderen Schutz der Interessen der Industriearbeiter entstanden; das ist bekanntlich in grossem Maasstabe in England *(trades' union)* der Fall.

Diese Vereine werden zu erhalten und zu heben sein; sie stehen gesetzlich nur mittelbar und insofern unter der Einwirkung der Gemeindebehörden, als diesen in Ermangelung besonders ernannter Behörden das Recht gebührt (§ 108 a. a. O.), Streitigkeiten unter den Gewerbetreibenden zu schlichten und zu entscheiden. Ingleichen steht den Gemeindebehörden (§ 142 a. a. O.) das Recht zu, gewerbliche Angelegenheiten durch Ortsstatuten zu ordnen. Dieses höchst wichtige Gebiet gemeindlicher Wirksamkeit ist mit aller Umsicht zu cultiviren, und auf demselben die hilfreiche Vereinswirksamkeit in allen Gewerben innerhalb der Gemeinde zu organisiren, wobei die Begründung, Erhaltung und Erweiterung von gewerblichen Kranken-, Sterbe- und Hilfs-Kassen (§ 140, 141 a. a. O.) eine ganz besondere Beachtung verdienen. Die Einwirkung der Gemeindeverwaltung auf diese gewerblich-socialen Bestrebungen darf nicht blos eine mitarbeitende — sie muss überall, wo es erforderlich, eine mithelfende, eine solche sein, welche durch die Mittel der Gemeinde die Hindernisse einer kräftigen Thätigkeit zu bewältigen sich angelegen sein lässt. (Art. 4 und 5.)

Wenn wir hier vom Gewerbe reden, so haben wir jede Erwerbsthätigkeit mitbegreifen, und namentlich die des Handels — den Kaufmannsstand — nichts weniger als ausschliessen wollen. Auch bei diesem können Vereine, wie dieses an vielen Orten bereits der Fall ist, neben corporativen Verbänden, oder auch in Ermangelung derselben als: kaufmännische Vereine, Börsenvereine, Vereine junger Kaufleute etc. zur Wahrung der allgemeinen und einzelnen Interessen bestehen. Diese wirken wohlthätig, und werden ganz besonders in den Fragen, wo es sich um die Erhaltung eines kaufmännischen Geschäfts, also bei zeitweiser Insolvenz, aussergerichtlichem Accord, Creditgewährung u. dgl., sowie in Fragen der Subsistenz-Stellung, Beschäftigung und Honorirung der Handelsgehilfen, als der arbeitenden Klasse im Kaufmannsstande, von erheblichem Einflusse sein.

### 2. Nicht-gewerbliche Genossenschaften und Vereine.

Es muss als ein Grundsatz gesunder Volkswirthschaft anerkannt werden und bleiben, dass jeder Zwang, jede directe Nöthigung, Ueberwachung oder gar Bevormundung von irgend einer Seite, und namentlich von oben herab von dem gesellschaftlichen Triebe zu gemeinnütziger Thätigkeit fern gehalten werde; damit ist aber nicht ausgeschlossen, ihn anzuregen, das Verständniss socialer Hilfe in richtiger Würdigung ihrer Grundsätze zu vertreten, die Lücken und Gebrechen im Gedeihen des Erwerbs an ihren greifbarsten Stellen durch Wort und Schrift offen zu legen, und das Interesse für Hilfeleistung anzuregen und zu verbreiten; nicht minder diejenigen Männer zu ermitteln und zu gewinnen, welche genug befähigt und opferbereit sind, sich der gesellschaftlichen Arbeit mit allem ausdauernden, zähen Eifer hinzugeben und zu unterziehen, die Grundsätze überzeugend klar zu machen, welche in ihrer Anwendung sowohl für die Organisation, als für die Art der Hilfsleistung selbst sich bewährt haben, und am besten zum Ziele führen, — endlich auch hier von Staats- und Gemeindewegen — wo erforderlich — nicht blos mit Arbeitskraft, sondern auch mit mittelbarer oder unmittelbarer Beihilfe den gemeinnützigen Zweck der Gesellschaft, namentlich in ihren ersten, immerhin oft recht schwierigen Anfängen ihrer Entstehung und Begründung, zu unterstützen und zu erweitern. Dieses ist eine Aufgabe, deren Lösung die Volkswirthschaft vom Staatsverbande und seinem Organismus beansprucht. Sie ist bisher in diesem Umfange nicht gestellt, noch weniger annähernd ihre Lösung in Angriff genommen worden. Wir erheben deshalb keinen Vorwurf; im Gegentheil musste vorerst der freien Selbstentfaltung der gesellschaftlichen Strebsamkeit der volle Spielraum wohl gelassen werden; jede ungehörige, oder auch in der besten Absicht bezweckte, aber verkannte und gemissdeutete Einmischung würde leicht den Lebensnerv freier Entwickelung unterbunden, und ihre Wirksamkeit in dem Vorgeben eingeschränkt haben, dass der Staat die Sache in die Hand nehme. — Gegenwärtig scheint der Zeitpunkt gekommen, von diesem Bedenken Abstand zu nehmen, und in oben angedeutetem Sinne die entschiedenen und festen Grundsätze zu vertreten und zu verkünden, welche der Staat mit seinen Organen der gesellschaftlichen Strebsamkeit auf dem socialen Gebiete gegenüber fortan zu beachten und durchzuführen sich entschieden hat. In welcher Weise und unter welchen Formen dies zur Ausführung zu bringen, darüber im folgenden Artikel.

---

4.

## Der Beruf der Gemeinde in der socialen Frage.

Nach allgemein anerkannten und gesetzlich zum Ausdruck gekommenen Grundsätzen äussert sich der Beruf der Gemeinde in den deutschen Landen bezüglich der Gemeindeangehörigen im Wesentlichen nach drei Hauptrichtungen:

1) in der Gewährung unstreitigen Schutzes von Person und Eigenthum; die obrigkeitliche Wirksamkeit der Gemeindeorgane in dieser Richtung wird bekanntlich mit dem Worte: „Polizei“ bezeichnet;
2) in der Gewährung des öffentlichen Schulunterrichts;

3) endlich in der Gewährung der Subsistenz hilfsbedürftiger Gemeindemitglieder — öffentliche Armenpflege. —

Die sociale Frage in ihrer Tendenz steht in ihren Grundforderungen mit der gesetzlichen Berufsthätigkeit der Gemeinden in keinem unmittelbaren Zusammenhange; namentlich fällt der Anspruch nicht in das Gebiet der öffentlichen Armenpflege, auf welchem es die interessirenden Arbeiter am Wenigsten zu verfolgen beabsichtigen.

Die Organe der Gemeindeverwaltungen haben sich daher auch bisher, der socialen Frage im Ganzen gegenüber, völlig passiv verhalten, und dieselbe als einen Gegenstand angesehen, der ihre Wirksamkeit nichts angehe, — so bedeutungsvoll sich auch die Bewegung aus ihr innerhalb der Gemeindegränzen entwickelte und gemeine Gefahren auch für die Gemeinde selbst besorgen liess. Fast scheint es, dass ein ängstliches Gefühl, eine unbewuste Scheu vor dem nebelhaften und gespensterartigen Erscheinen des Socialismus eine Befangenheit der Willensthätigkeit hervorgerufen hat, die selbst auf die Beschlüsse in Fragen des eigentlichen Nothstandes lähmend einwirkt. Man fürchtet den ersten Schritt und seine nothwendigen Consequenzen. Nur hieraus lässt sich beispielsweise der Entschluss der Berliner Stadtverordneten erklären, der den auf den nachgewiesenen Wohnungsmangel gestützten Antrag auf Errichtung von Wohnungsbaracken einfach ablehnt, — als ob damit die Sache erledigt und die gesetzliche Pflicht der Gemeinde, für nothwendiges Obdach der Bedürftigen zu sorgen, aus der Welt geschafft werden könnte. Man will an dieser Stelle, wie es scheint, weder mit der socialen Frage, noch mit irgend Etwas, was mit derselben, und zwar hier in ganz erheblicher vom Gesetz gebotener Weise zusammen hängt, zu thun haben. Die Schwierigkeit und vorausgesetzte Unmöglichkeit gründlicher Erledigung mag zur Entschuldigung, der Mangel eines gesetzlichen Drucks zur theilweisen Rechtfertigung dienen; jedenfalls behält ein solches rein negatives Herausziehen aus der bedenklichen Affaire nur den dilatorischen Charakter.

Die Vertreter der Arbeiterbewegung sehen in der Ortsgemeinde keineswegs das Ziel ihrer Bestrebungen; diese ist ihnen, — mag es auch in der Residenz sein — nicht wirksam und kraftvoll genug, um ihren vermeintlichen Ansprüchen hinreichend und dauernd Abhilfe gewähren zu können. Sie bekämpfen nur nebenbei die Massnahmen der Gemeindeverwaltungen, in so weit solche ihre nächsten Interessen mitberühren.

Das Gemeindeleben hat sich im Ganzen, trotz seiner freien Unterlagen, weder fruchtbar, noch kräftigend den vielseitigen Bedürfnissen der Gegenwart gemäss entwickelt. Der Bürger ist vor Allem erst Gemeindebürger, und dann erst ist er auch Staatsbürger, oder — um nebenbei ein politisches Bekenntniss aus voller Ueberzeugung der Nothwendigkeit seiner legislatorischen Erwägung abzugeben, — soll erst dann Staatsbürger werden, wenn er Gemeindebürger geworden ist; es sind politische Eigenschaften, die sich im organisch geordneten Staatsverbande decken sollen und müssen, — wie dies bereits nach der Bestimmung der ersten octroyirten Verfassung des preussischen Staates festgesetzt worden ist. — Schon aus diesem Mangel des Zusammenhanges von Gemeinde und Staat ist eine Lockerung, ein Zerfallen der Gemeindeangehörigkeit und mit ihr eine Abschwächung des von der Stein'schen Städteordnung angestrebten Gemeinsinns hervorgegangen.

In den grössern Stadtgemeinden, namentlich in denjenigen, wo sich das Capital sammelte und Handel, Verkehr und Fabrikbetrieb einen Aufschwung nahm, hat sich das Interesse für die Gemeindeangelegenheiten gerade bei den materiell Bevorzugten sichtbar abgestumpft und in bedauernswerther Apathie von demselben zurückgezogen, wenn auch ihr Wohlthätigkeitssinn und ihre sonstige Wirksamkeit in den verschiedensten grossentheils ausserhalb des Gemeindeberufs liegenden Vereinen Befriedigung fand. Jedenfalls hat diese im hohen Grade anzuerkennende Vereinswirksamkeit die Theilnahme für die eigentlichen Gemeindeangelegenheiten nicht gehoben, im Gegentheil dieselbe vielfach beeinträchtigt, ja — nach ihrer verschiedenen socialen Richtung — geschädigt und herabgesetzt. Zum Theil mag dies darin seinen Grund haben, dass die Gemeindeorgane sich auf die Gränzen ihres gesetzlichen Berufs eingeschränkt und es nicht verstanden oder nicht für angemessen erachtet haben, sich an der Vereinsthätigkeit, soweit solche auch nur mittelbar das Gemeindewohl und ihrer Glieder oder auch die Beihilfe zum Gegenstande hatte, irgendwie zu betheiligen und hierdurch ihrer fruchtbaren Wirksamkeit Vorschub zu leisten.

Ueberhaupt haben die Gemeindeorgane, unter dem Drucke vielseitig steigender Bedürfnisse, mehr den Anforderungen gehobenen Verkehrs und höherer Bildung und Wohlthätigkeit, als denjenigen, welche in den unteren Stufen ihrer Bevölkerung in ihrem Erwerbe und Lebensbedarf sich kundgaben, Rechnung getragen, und auf diese Gebiete mit der

Erfüllung der Ansprüche aus der öffentlichen Armenpflege ihre — allerdings gesetzlich hierauf beschränkte — Aufgabe im Wesentlichen für gelöst erachtet.

Die Rückwirkung dieser Richtung in der Gemeindeverwaltung, in welcher wir die der Gemeindevertretung mit begreifen, hat in einem grossen Theile der Gemeindeangehörigen, vorzugsweise aus dem kleinern Gewerbestand und der ärmern und arbeitenden Klasse, einen beklagenswerthen und betrübenden Mangel des Vertrauens, mindestens einen gewissen Grad der Abwendung von derselben hervorgerufen, der in sehr verschiedenen Quellen wurzelt. Wir wissen sehr wohl, dass es bei Erörterung von Gemeindesachen eine althergebrachte und kaum zu beseitigende Sitte gewisser Volkssphären ist, „auf den Magistrat zu schimpfen,“ und damit dem Unmuthe gelegentlich Luft zu machen; wenn dieses aber in nicht geringem Umfange seitens ganzer Klassen im Volke, und nicht selten in verbissener Weise sich zeigt, dann ist es wohl gerechtfertigt, den tiefern Motiven nachzuspüren, und den wahren Kern herauszufinden, der sich oft nur unter der Schaale wenig gegründeter Vorwürfe oder auch vieler leerer Kundgebungen verbirgt.

Wir hören den Unmuth vorzugsweise sich kehren gegen die reichern Klassen und deren wirkliche oder scheinbare Begünstigung, namentlich in der Gemeindesteueranlage; dann gegen die Gehaltserhöhungen und sonstigen Aufwand in der Gemeindeverwaltung, insbesondere theure Bauten, als z. B. Raths- und Gemeindehäuser, die kostbare Errichtung höherer Lehranstalten, kostspielige Durchlegung neuer Strassen, Alles im Gegensatz zum Mangel jeder Gemeindeverwendung für — sei es auch nur zeitweise — gesundes Obdach von wohnungslos Gewordenen, oder sonstiger directer Theilnahme für Erhaltung der Erwerbslage. Dazu ist nun noch die fast gänzliche Loslösung des Gewerbswesens von der Gemeindeverwaltung hinzugetreten, was eine gegenseitige Entfremdung und Apathie zwischen Gemeinde und Gewerbebetrieb zur Folge gehabt hat. Das Wesen des Gemeindebürgers, wie wir es noch kennen aus nicht langer Vergangenheit, ist völlig verschwunden, nachdem alle Fäden, — mit Ausnahme des stärkeren Bandes der Gemeindeabgaben, — zerrissen sind, die ihn an das Gemeindewesen ketteten; der alte Begriff, welcher sich mit der Bezeichnung der Repräsentanten der Stadtgemeinden als „Väter der Stadt“ verband, ist nur Gegenstand des Spottes geworden, und von einem dankbaren Anerkenntniss der Gemeindewirksamkeit kann überhaupt da nicht viel die Rede sein, wo dieselbe nur leistet, was das Gesetz nothwendigerweise verlangt. Dazu kommt endlich auch der Umstand, dass das Recht der Gemeindewähler in den Gränzen gewisser Einkommenhöhe eingeschränkt ist, während der Staat, und auch das Reich das Wahlrecht, sei es nun indirekt oder direkt, — sei es politisch gerechtfertigt oder nicht — ohne diese Einschränkung gewähren. Dadurch wird der Anschauung Raum gegeben, dass für die unteren Klassen der Bevölkerung, die des Gemeindewahlrechts entbehrt, eben nur ein politisches, aber kein Gemeinde-Vertretungsrecht bestehe, und dass nur jenes gegen den Staat, — nimmermehr aber dieses, — mit irgend einer Aussicht auf Hilfe und Erfolg zur Geltung gebracht werden könne und müsse.

Abgesehen von diesen nicht normalen Erscheinungen in den grösseren Stadt-Gemeinden, die doch nur den kleinern Theil der Bevölkerung bilden, — fragen wir: wie steht es mit dem Gemeindeleben in den kleineren Städten und des flachen Landes?

Es fehlt uns bezüglich der Erfüllung der Gemeinde-Bedürfnisse bei dieser Hauptfrage wohl an statistischem Material, um Beweise durch Zahlen zu liefern; aber wir nehmen keinen Anstand, mit Ueberzeugung die Behauptung aufzustellen, dass die Zustände dort an sehr vielen Stellen, — und wir brauchen nicht blos die dürftiger gestellten östlichen Provinzen im Auge zu haben, — mangelhaft und oft beklagenswerth sind, und dass sie dringender Abhilfe bedürfen. Wir fragen im besondern Hinblick auf gewisse Landestheile:

wie werden die Ortsarmen in den Landgemeinden verpflegt?

in welchen befindet sich ein zur Aufnahme von Ortsarmen oder Kranken eingerichteter Raum?

wie ist vom Ortsvorstande der ärztlichen Pflege derselben vorgesehen?

Wir berufen uns auf das Urtheil der Kreislandräthe, deren Wirksamkeit zur Abhilfe und zur Besserung wir gewiss nicht unterschätzen, und ihr Wollen und Können wohl zu unterscheiden wissen — und wir werden leider die Bestätigung hören, dass Vieles noch im Argen liegt! — — Sie werden uns — gewiss aus vielen Kreisen — erzählen von Mängeln, von dem oft genug sich äussernden hartherzigen lieblosen Sinne in den Landgemeinden gegen die Pflegebedürftigen und Kranken, und von den Mängeln mit allen Schwierigkeiten der Abhilfe; sie werden uns Beispiele anführen, wie sich die Landgemeinden gegenseitig, offen oder versteckt, die Hilfsbedürftigen, deren Heimathsrecht nicht unzweifelhaft feststeht, rücksichtslos zugewiesen, oder dieselben halbtodt nach der Kreisstadt gebracht haben, um nur der Last der Pflege enthoben zu sein, und wie selten ärztliche Hilfe vorweg von dem Ortsvorstande herbeigeholt worden oder überhaupt eine solche vorgesehen ist. Sie werden — wie unsere Erfahrung besagt — es auch wohl bestätigen, dass in den viel angegriffenen Feudalwirthschaften der Gutsbezirke noch am Meisten für die Guts-Armenpflege geschehen ist und geschieht — ein praktischer Punkt, den die künftige Gemeindeordnung nicht aus den Augen verlieren möge.

Aber auch die Kreisverwaltungen bieten ihre grossen Schattenseiten in der Richtung der Hilfeleistung, die meistentheils auch bisher nicht einmal zu ihren gesetzlichen Obliegenheiten gehörte; wo ihre unmittelbarsten Interessen nicht Ausgaben erforderten, da haben sie auch der Regel nach sich sehr zurückhaltend erwiesen, und den Schwächen in der Verwaltung ihrer Landgemeinden selten genug Unterstützung und Hilfe gewährt; denn wir fragen: welche Kreise entbehren noch eines Kreisarmenhauses, eines Kreislazareths, ja sogar eines Kreisgefängnisses?! wir glauben, die Zahl derselben wird nicht eine unbedeutende sein! —

Wenn wir nun hiermit ein Bild allgemeiner leidender Zustände, — sei es auch nur ein sehr unvollständiges und skizzirtes, — aufrollen und uns der Hoffnung nicht verschliessen wollen, dass neue zeitgemässe Organismen auf dem Gebiete der Selbstverwaltung in der Gesetzgebung bereits vorbereitet, den ersten Schritt zum Bessern anbahnen und eröffnen werden, so können wir doch nicht zugeben, dass damit vorerst dem Bedürfniss ein Genüge geschehen und dass gewissermassen von der Thätigkeit der neu geschaffenen Organe die zureichende Hilfe erwartet oder abgewartet werden müsse. Diese erscheint uns vielfach zu dringend erforderlich, als dass sie erst hinausgeschoben werden und auf dem Wege der Selbstberathung und Selbstbestimmung zum Anerkenntniss und zur thatsächlichen Ausführung gelangen sollte! — Sie bedarf einer wesentlichen Anregung und Förderung durch entsprechende neue Verwaltungsgrundsätze.

Aber bekennen wir bei dieser Gelegenheit offen und nach Maassgabe unserer Einsicht in die materiellen Kräfte, die unserem Volke in seiner Gesammtheit und im Einzelnen zur Seite stehen, dass es im grossen Durchschnitt und — trotz aller Häufung von Reichthum und Steigerung des grossen Geld- und Waarenverkehrs in den Hauptstädten — doch noch zu arm ist, um den zeitgemässen Anforderungen der Selbstverwaltung und insbesondere der des socialen Bedürfnisses der grossen Massen seiner Bevölkerung ohne grosse Anstrengung ausreichend und nachhaltig ein Genüge zu leisten. Deshalb aber die Hände in den Schooss legen? deshalb nur die halbe Hilfe zurückziehen, weil die ganze nicht dargeboten werden kann? — Nimmermehr! Gerade bei noch unzureichenden Mitteln hat der Mann das Doppelte der Thatkraft zu entwickeln, und wie im schweren Kriege gegen einen anscheinend übermächtigen Feind sich die Kraft unseres Volkes in ewig denkwürdiger ruhmreicher Weise entfaltet hat, so wird solche auch in den Opfern des Friedens nicht erlahmen, am allerwenigsten da, wo es gilt, die Thatkraft seiner leidenden Mitbürger zu erhalten und wiederherzustellen. Hier kommt es darauf an, dass der gute Zweck allgemein anerkannt und Hilfe in der Noth — mag sie auch vorerst eine nicht ausreichende sein — gern und freudig geboten und dankbar angenommen werde. Auch das schwache Kind kann den Mann retten, dem es im Augenblick des Ertrinkens den rettenden Zweig reicht! — Schon das Bewusstsein, die Hilfe — auch die geringe — könne nicht ausbleiben im Fall steigender Noth, wird die Thatkraft der arbeitenden Klassen heben, um sich wo möglich aufrecht zu halten, und der Hilfe zu entbehren. Wir trauen denselben solche um so mehr zu, als sie selbst in ihren Agitationen — sei es mit oder auch ohne genügenden Grund — aber doch ohne Aussicht auf irgend eine geordnete Hilfe von Staat oder Gemeinde im Ganzen einen genügenden moralischen Halt an den Tag gelegt haben, welcher an Fruchtbarkeit nur gewinnen wird, je mehr das bewusste Vertrauen vielseitiger Hilfsbereitschaft sein begründetes Anerkenntniss findet.

Was soll nun aber in der Gemeinde thatsächlich geschehen zur Besserung der geschilderten Nothstände — insbesondere derjenigen, deren Beseitigung die sociale Frage beansprucht? — Wir nehmen hier zunächst Bezug auf dasjenige, was wir im vorigen Artikel über die Arten der Hilfsleistung und deren Förderung gesagt haben. (S. 23 ff.) Wir erkennen an, dass der Beruf der Gemeinde, wenn er alles dasjenige, was das Gesetz ihm gegenwärtig zur Pflicht macht, im vollen Umfange zur Erfüllung bringt, sehr viel zur Besserung der Zustände beitragen wird. Aber dieses ist nicht ausreichend. Der eigentliche Beruf der Gemeinde — (wir haben selbstverständlich hierbei eine leistungsfähige Gemeinde, und nicht etwa das Bild einer noch der Reform durch eine Gemeindeordnung bedürfenden, meist in sich viel zu schwachen Landgemeinde, oder auch kleinen Stadtgemeinde vor Augen) — ist viel weiter auszudehnen und fruchtbar zu machen.

Wir bezeichnen diese Ausdehnung der Gemeindewirksamkeit in Anschluss an das früher Gesagte nach folgenden Hauptrichtungen:

1) Innerhalb ihres bisher verwalteten Gebietes (S. 25) ist die Stellung des Gemeindevorstandes als Ortsvorstand der gesammten gewerblichen Thätigkeit innerhalb der Gemeinde, — möge sie sich in Innungsformen oder in andern freien Organismen äusserlich gestalten, oder annoch solcher entbehren, — zeitgemäss und dergestalt zu ordnen, dass eine dauernde, für das Gedeihen der Gewerbe, für die Erhaltung der leistungsfähigen Subsistenz ihrer Träger — Arbeitgeber und Arbeitnehmer — erspriessliche Verbindung hergestellt und gepflegt wird.
2) Eine gleiche Verbindung ist herbeizuführen zwischen der Gemeindeverwaltung und der Gesammtheit aller Vereinsthätigkeit, die ausserhalb des eigentlichen Gewerbes sich in ihrem wesentlichen Theile ihrer Wirksamkeit die Lösung einer gemeinnützigen, die Abhilfe von Nothständen in der Gemeinde als Ziel gesetzten Aufgabe beschäftigt. (S. 26.)

In beiden Fällen soll diese Verbindung, unbeschadet des Selbstbestimmungsrechts in gewerblicher oder Vereinsthätigkeit, dieser lediglich durch die Gemeindeverwaltung den selbstgewünschten Beistand verschaffen und durch einen solchen die Erfüllung der Zwecke sichern und fördern. Dieser Beistand wird sich äussern:

a. in der Abordnung eines Gemeindebevollmächtigten (Commissar, Beisitzer, Curator, Pfleger) für jedes Gewerbe, jeden Verein u. dgl., welcher in denselben mit berathender Stimme die Gemeinde vertritt, und bei der Gemeindeverwaltung selbst das Organ des betreffenden Gewerbes, Vereins etc. bildet; es ist wünschenswerth, dass er auch Mitglied desselben ist;
b. in der geeigneten Arbeit und Leistung, welche die Gemeindeverwaltung den Zwecken des Gewerbes, Vereins etc. unentgeltlich zu gewähren hat, als beispielsweise: depositalmässige Verwaltung und Gewahrsam von Geldern und Geldwerthen; Ueberweisung von disponiblem Local, Einziehung von Beiträgen, Vertretung nach Aussen nnd gegen andere Behörden;
c. in der unmittelbaren Subvention mit zeitweisen

oder laufenden Zuschüssen aus der Gemeindekasse. (S. 26. 27.)

Wir legen auf die Herstellung eines solchen Organismus, welcher die Gesellschaft in und ausserhalb des Gewerbes als **der untersten und freien Stufe der Volksselbsthilfe** mit dem nächststehenden, aber selbstständig hingestellten Organe des Staates — der Gemeinde — verbindet, ein grosses Gewicht. Wir glauben dabei nicht den Vorwurf zu verdienen, dass wir einer Reaction das Wort reden, welche alte Zustände der Bevormundung im Sinne hat; wir wollen das Band, welches früher viel einiger und nicht fruchtlos die Gemeindemitglieder mit der Gemeindeverwaltung verknüpfte, und jetzt theils durch politische Verhältnisse oder Acte der Gesetzgebung oder auch allgemeine Veränderungen im Erwerbe und Verkehr vielfach zerrissen, jedenfalls sehr gelockert worden ist, neu beleben, und das Vertrauen wieder herstellen, welches für das Gedeihen des Gemeindelebens nothwendig ist.

3) Die bisherigen Leistungen der Gemeinden, sowohl in der Armenpflege, als in sonstigen gemeinnützigen Einrichtungen und in der Ausführung polizeilich gebotener Vorschriften sind vielfach zu erweitern. (S. 41 ff.)

4) Endlich kommen wir zur Hauptfrage der Gemeindehilfe; wir geben derselben im Anschluss an das Vorgesagte (S. 8. 21.) folgenden nähern Ausdruck:

Diejenigen Gemeindemitglieder, welche zwar erwerbsfähig, aber nicht im Stande sind, durch ihren Arbeitsverdienst so viel zu erwerben, als erforderlich ist, um sich in einem leistungsfähigen Nährstande zu erhalten, haben, — unbeschadet der Vorschriften der öffentlichen Armenpflege, und in Ermangelung anderer Hilfsmittel, — Anspruch auf Gemeindehilfe bis zur Herstellung und bis zur Höhe ihres leistungsfähigen Nährstandes. Dieselben sind dagegen verpflichtet, diejenige Arbeit zu leisten, welche ihnen vom Gemeindevorstande zugewiesen wird. Die Art und den Umfang der Gemeindehilfe setzt der Gemeindevorstand, vorbehaltlich des Recurses an die vorgesetzte Regierung, endgiltig und ohne Zulassung des Rechtsweges fest.

Es ist hiermit nichts Anderes bestimmt, als was bereits in diesem Gegenstande das Allgemeine Preussische Landrecht (S. 9) festsetzt, und nicht ausgeführt worden ist. Alle billigen Anforderungen, welche seitens derjenigen, die in den Nothstand einer ungenügenden Subsistenz gerathen, also namentlich aus der arbeitenden Klasse, deren Erwerb oder Arbeitslohn zu ihrem Nährstande nicht ausreicht, werden auf diesem Wege, — versteht sich unter Beachtung der Ermittelungen und Feststellungen, welche die Gewährung der Hilfe ordnungsmässig erheischt, (Art. 5) befriedigt. Ein Mehreres kann kein Arbeiter mit irgend einem Rechte beanspruchen. Jeder unruhigen Bewegung unter ihnen, die auf höhere Ansprüche hinaus läuft, wird wegen der Evidenz ihrer Grundlosigkeit auch jeder Schein einer Berechtigung entzogen. Dagegen wird die beruhigende Ueberzeugung bei denselben auf eine nicht hilflose Zukunft erweckt, und das Vertrauen auf einen erträglichen Rückhalt in der Gemeinde hervorgerufen, dessen wohlthätiger Einfluss auf die moralische Haltung und Hebung der Betheiligten nicht geläugnet werden kann.

Vorzugsweiso sind zwei Einwände gegen obigen Satz hervorzuheben. Der eine basirt auf der Gefahr, welche er vermeintlich in sich schliesst. Gegenwärtig sei der Druck der Noth, — die Besorgniss, der öffentlichen Armenpflege in ihrer ganzen Dürftigkeit anheimfallen zu müssen, — der gewaltige, aber nur zu nothwendige, Sporn zur Anspannung aller Selbsthilfe. Dieser Druck werde wesentlich abgeschwächt, und die eigne Kraft gelähmt, wenn die Gemeindehilfe, welche die Subsistenz gewähre, zugesichert sei. Der Reiz und die Speculation, dieselbe zu überkommen, werde bei allen faulen, arbeitsscheuen Arbeitern vorwalten, und der Andrang auf Gemeindehilfe würde gross sein. Sei sie auch nur temporär bewilligt, so werde es schwer halten, sie wieder zu entziehen. Die Nöthigung zur Arbeit seitens der Gemeinde sei kein geeignetes Mittel, um sie auszubeuten. — Wir halten diesen Einwand für nicht ungegründet, und von der bei der Handhabung der Armenpflege gemachten Erfahrung unterstützt; demohnerachtet hat er nur theilweisen, und keinen durchgreifenden Werth; er ist nur die Kehrseite von den beiden Seiten, die nun einmal jeder noch so gute Vorschlag in sich schliesst. Die ungebührliche und unberechtigte Ausnutzung der Gemeindehilfe findet nach unserer Ueberzeugung ihr starkes Gegengewicht darin, dass die Gemeinde vorzugsweise aus eignen Mitteln dieselbe gewährt, und daher, — wie es bekanntlich bei der Armenverwaltung geschieht, — nur nach sorgfältiger Prüfung und mit sparsamer Verwendung vorgehen wird. Wenn wir eine Besorgniss hierbei aussprechen sollen, so geht sie eher dahin, dass die Gemeindeverwaltung zu streng und zurückhaltend verfahren, und dem Zwecke entsprechend viel eher zu wenig, als zu viel der Gemeindehilfe leisten werde.

Bedeutender und allseitiger Erwägung werth ist aber der zweite Einwand, dahin gehend,

> dass es der Regel nach die Kräfte der Gemeinde überhaupt, — ganz gewiss aber in den Fällen einer schon jetzt vorhandenen übermässigen Belastung, — übersteigen müsse, die neue Gemeindehilfe, deren Umfang unübersehbar sei, zu übertragen.

Wir können auch diesen Einwand schon aus dem schlagenden Grunde für durchgreifend nicht erachten, weil dem allerdings möglichen Falle einer Leistungsunfähigkeit der Commune durch die Anerkennung der nothwendig eintretenden Beihilfe des Staates ausreichend vorgesehen wird; aber darüber wollen wir uns nicht täuschen, dass durch die von uns vorgeschlagenen und durchzuführenden Massnahmen die Gemeindekräfte in verstärktem Umfange werden in Anspruch genommen werden. Zwar fehlt uns hier auch das sei es nur nothdürftige statistische Material, welches ausreichte, um auch nur annähernd und durchschnittlich den Umfang der Gemeindehilfe zu bestimmen; jedenfalls wird sie sich in den verschiedenen Gemeinden verschieden herausstellen, und in einigen bedeutend, in andern vielleicht gar nicht hervorzutreten haben. Im Ganzen aber halten wir den Umfang derselben für einen solchen, dass er der Regel nach ohne übermässige Beschwerde von der Gemeinde wird übertragen werden können; gemeinhin wird er hinter der gefürchteten Voraussetzung erheblich zurückbleiben. Denn auch hier ist er durch die eignen Beschlüsse der Gemeindeverwaltung begrenzt.

Der Zweck der Gemeindehilfe, die den Gemeindeangehörigen zu Theil wird, liegt in dem eigenem Interesse der Gemeinde selbst, welche dadurch mittelbar an ihrer eigenen Leistungsfähigkeit gewinnt. Es ist zu erwägen, dass in den meisten Fällen nur eine Aushilfe bis zur Leistungsfähigkeit des Individuums, also eine vielleicht nur geringe Ergänzung des zur Subsistenz nicht ganz ausreichenden Erwerbes oder Arbeitslohnes erforderlich sein wird. Im Uebrigen aber nehmen wir keinen Anstand, zuzugeben, dass im erforderlichen Falle die Leistungsfähigkeit der Gemeinde bis an die Grenze des

Könnens zu erschöpfen ist, und es kommt nur darauf an, diese Grenze richtig zu limitiren. Darüber hinaus hört die Leistung von selbst auf, nach der bekannten und anerkannten Regel des römischen Rechts: *ultra posse nemo obligatur;* wobei allerdings das ebenso bekannte: *non possumus* einer sehr dehnbaren Auslegung fähig ist. — In so weit die erforderlichen Mittel zur Gewährung der Gemeindehilfe nach Erschöpfung der gesellschaftlichen Hilfe nicht etwa aus den sonstigen Anstalten und Stiftungen in der Gemeinde zu beschaffen, müssen dieselben anderweitig aufgebracht werden. So sehr wir anerkennen, dass, wie die Wissenschaft sich ausdrückt,

> „es die ethische Pflicht der besser gestellten Gesellschaft sei, freiwillig und thatkräftig nach Maassgabe ihrer geistigen und materiellen Kräfte zur Hebung der bedrängten Arbeiterklassen mitzuwirken, — und im christlichen Sinne das ihnen zu Gebote stehende Vermögen, wie ein ihnen anvertrautes Pfand im Interesse ihrer Mitmenschen zu verwalten"

und so sehr wir wünschen, dass diese ethische Pflicht zur thatsächlichen Wahrheit sich gestalte, so können wir doch hierauf für die praktischen Forderungen des Gemeindebedürfnisses kein Gewicht legen. Unser Vorschlag geht dahin:

> das Princip der Progressionsstufen in die directe Einkommensteuer (klassificirte Einkommensteuer, Klassensteuer) durchzuführen, und den durch die **progressive Erhöhung erzielten Mehrbetrag** der gesammten Einkommensteuer, sowohl der des Staates als der etwa bereits bestehenden Gemeindeeinkommensteuer, den Gemeinden zur ausschliesslichen Verwendung für die Durchführung der in Rede stehenden Gemeindehilfe zu überweisen.

Die Bedenken, welche sonst und nicht ohne Grund gegen das Princip einer Progressivsteuer vorwalten, und welche hier zu erörtern nicht am Orte ist, werden durch ihre Ueberweisung an die Gemeinden und durch den Zweck ihrer Verwendung wesentlich abgeschwächt, die Kraft und das Ansehen der Gemeindeverwaltung selbst wird gehoben, und das Gefühl des Unmuths in den bedrängten Volksklassen gegen die wohlhabenderen in seinen Motiven zweifelsfrei unterdrückt werden.

5) Wir haben bereits wiederholt darauf einen besonders gewichtigen Nachdruck gelegt, und mit Gründen unterstützt, dass

die den bedrängten Klassen im Volke zu gewährende Hilfe nur und ausschliesslich durch die Gemeinde als Gemeindehilfe zu gewähren ist. Dies ist jedoch nur in dem Sinne zu verstehen, dass diese Hilfe nicht unmittelbar und direct durch den Staat, oder seine unmittelbaren Organe, als Staatshilfe gewährt werden soll. Wir sind weit entfernt, den Staat von seinen diesfälligen Pflichten zu entlasten, die, wie wir wiederholen, das Allgemeine Preussische Landrecht (S. 9) unumwunden bereits anerkennt.

Wie und was der Staat unseres Erachtens in dieser Sache zu thun hat, führen wir weiter unten (Art. 6) aus; hier haben wir nur der Uebersicht halber seine Pflicht, den belasteten Gemeinden gegenüber, im Grundsatze zur Anerkennung zu bringen. Es ist einleuchtend, und bedarf keiner Ausführung, dass der Staat, der, wie schon gesagt, seine Kraft aus der Gesammtheit der Gemeinden, als seinen wesentlichen Lebensorganen, schöpft, mindestens das gleiche Interesse an dem leistungsfähigen Nährstande seiner Staatsangehörigen, die überall auch Gemeindeangehörige sein müssen, hat, wie es die Gemeinde selbst hat. Es folgt daraus

1) dass der Staat als solcher sich der unmittelbaren Pflicht der Hilfe der Regel nach bei jedem Falle nach bestimmtem Verhältniss nicht entziehen kann;
2) dass der Staat in ausserordentlichen Fällen auch mit ausserordentlicher Hilfsleistung nicht zurückhalte; und
3) dass der Staat im Fall der Erschöpfung der Kraft einer Gemeinde, — also wenn ihre Leistungsfähigkeit die **Grenze** erreicht hat, und sie nicht mehr im Stande ist, die Gemeindehilfe aus eigenen Mitteln zu gewähren, — das Fehlende aus Staatsmitteln **allein** zu decken verpflichtet ist.

In Beziehung auf die Staatspflicht ad 1, deren Durchführung eine theilweise aber wesentliche Entlastung der Gemeinde mitbegreifen muss, kommt es darauf an, den Antheil zu arbitriren, welchen der Staat in jedem Falle der Gemeindehilfe zu übertragen haben wird. Wir glauben, dass es genügt, wenn derselbe auf den vierten Theil, also 25 Procent ermessen wird, welche der Staat zur Gemeindekasse wird abzuführen haben. Specielle Gründe unsers Vorschlags stehen uns zwar nicht zur Seite; es schwebt uns aber der durchschnittliche Umfang von bisherigen Staatssubventionen (z. B. der Zuschuss von 10,000 Thlr. Staatsprämie zu einer Meile Kreischaussee, deren Bau etwa durchschnittlich 40,000 Thlr. beträgt) vor, welcher unserm Vorschlage entsprechen dürfte.

Schliesslich haben wir hier noch

6) einer Gemeindehilfe zu gedenken, die bei gesteigertem Gemeindebedürfniss, und zum Gelingen der erhöhten Aufgaben der Gemeindeverwaltung nicht weniger wiegt, als die der Unterstützung in Geld oder Geldeswerth; es ist die der freudigen und ausdauernden Hingabe der Arbeitskraft, — nicht der im Erwerbe, sondern derjenigen, — welche von dem wahren Gemeinsinn getragen wird, und dessen thatsächlicher Ausdruck sie ist. Diese Arbeitskraft aller selbstständigen Gemeindemitglieder ist das grosse Capital der Gemeinde, dessen Verwerthung, so weit es erforderlich, nicht hoch genug in Anschlag gebracht werden kann, und dessen möglichste Ausnutzung zur Aufgabe einer sorgsamen Gemeindeverwaltung gehört. Es ist in seinen brauchbaren und fruchtbaren Theilen, die eine dauernde und nachhaltige Verwendung erfolgreich gestatten, nicht so häufig und vorräthig, als man glaubt; es müssen dieselben gesucht, angeregt, gepflegt und gehoben werden. Je höher das Gemeindeglied in Bildung und Beruf, in Lebensweise und Einkommen steht, desto werthvoller ist es für den Arbeitszweck in der Gemeinde; — freilich auch desto theurer, — aber nie zu theuer, wo es gilt, für das Wohl der Gemeinde zu wirken! — Dies diene zur Beherzigung Vieler, welche sich von dieser Arbeit fern halten. —

Von den einzelnen Gegenständen und organisch neuen Formen in der Gemeinde, bezüglich der gesetzten Aufgabe, spricht der folgende Artikel.

5.

## Der neue Gemeindeorganismus für leistungsfähigen Nährstand.

Unsere Ansichten, zunächst über den erweiterten Gemeindeberuf, stellen wir in folgender Art auf:

I. Allgemeine gesetzliche Pflichten der Gemeinde.

1) In allen Fällen, wo die leistungsfähige Subsistenz der Eltern oder sonst Verpflichteten es nach ordnungsmässiger Feststellung nicht gestattet, ihren Kindern den ausreichenden Unterhalt zu gewähren, tritt die Gemeinde mit ihren Mitteln theilweise oder ganz an deren Stelle. Diese Pflicht der Gemeinde erstreckt sich insbesondere auf ordentliche vollständige Bekleidung der Schulkinder, und deren Versorgung mit dem, was der Schulbesuch erheischt.

Jede Gemeinde hat nöthigenfalls auf ihre Kosten Einrichtungen zu treffen, welche eine angemessene Ernährung und Erziehung der Kinder im Bedürfnissfalle ermöglichen. Dazu gehören Einrichtungen nach Art der Kinderbewahranstalten, Armen- oder Waisenhäuser oder ähnliche Anstalten (cf. No. 4).

2) In jeder Gemeinde muss eine mit der Gemeindeverwaltung verbundene und unter Garantie der Gemeinde stehende Gemeinde-Sparkasse bestehen, welche Ersparnisse von den Gemeindemitgliedern unter Verzinsung derselben annimmt.

Ein Reglement der Regierung ordnet deren Einrichtung und Verwaltung.

Die Begründung anderer ähnlicher gemeinnütziger Anstalten bleibt ihrem Ermessen vorbehalten.

3) Die Gemeinde hat die Pflicht, erforderlichenfalls für hinreichendes Obdach (Wohnung) ihrer Gemeindeangehörigen zeitweise oder dauernd zu sorgen. Eine ge-

nügende angemessene Räumlichkeit ist stets für den Fall der Noth bereit zu halten und einzurichten. Im Fall einer wirklichen dauernden Wohnungsnoth hat die Gemeinde mit ihren Mitteln für die Beschaffung von Wohnungsräumen einzutreten.

4) Im Fall des festzustellenden Bedürfnisses hat jede Gemeinde dafür zu sorgen, dass Speisen zum unmittelbaren Genuss gegen billige Vergütung, welche nur durch die Kosten der Anschaffung der Nahrungsmittel und ihre Zubereitung bestimmt und festgesetzt wird, dargeboten werden. Die Einrichtung und allgemeine Verwaltung einer solchen Anstalt (Volksküche) trägt die Gemeinde. Die Erschaffung von billigen Vorrathsverkaufsstellen und deren Subvention (Consumvereine) bleibt ihrem Ermessen ebenfalls anheimgegeben.

5) Ingleichen bleibt es ihrem Ermessen anheimgestellt, ob sie Fortbildungsschulen, Volks- und Arbeiterbibliotheken und ähnliche anerkannte gemeinnützige Einrichtungen mit ihren Mitteln ins Leben rufen oder unterstützen will. Disponible Räume hat sie für dergleichen Zwecke unentgeltlich herzugeben.

## II. Erweiterte Pflichten der Armenpflege.

1) Die bisherigen üblichen Sätze der öffentlichen Armenpflege sind einer allgemeinen Revision unter Aufsicht und Controlle der Regierung zu unterwerfen, und nach näherer Prüfung, welche den zeitigen Preisen des Lebensunterhalts und den Erfordernissen der Nahrung, Kleidung und Wohnung entsprechen müssen, demgemäss verhältnissmässig zu erhöhen; insbesondere ist die Gewährung einer gesunden Wohnung an Ortsarme Pflicht der Gemeinde.

2) Jede Gemeinde — ohne Unterschied, auch die kleinen Landgemeinden — hat eine Einrichtung zur Aufnahme und Pflege von Kranken zu treffen, und zur jederzeitigen Benutzung in Bereitschaft zu halten, auch erforderlichenfalls für ärztliche Behandlung der Kranken, namentlich der ortsarmen Kranken Sorge zu tragen.

Die Regierung hat die Erfüllung dieser Pflicht regelmässig zu überwachen.

## III. Pflichten der Gemeinden in der Gesundheitspflege.

Es ist Pflicht der Gemeinden:

a. für Beschaffung genügenden Wassers zum Trinken, Waschen und sonstigen Gebrauch der Gemeindeglieder (falls derselbe nicht von dem Gewerbsbetrieb bedingt wird);

b. für Gewährung öffentlicher Badeanstalten, (wenigstens in der Sommerzeit);

c. für gesunde Beschaffenheit aller Consumtibilien;

d. für Wegsamkeit und Reinlichkeit an allen öffentlichen Orten, — auch im Privatbesitz, sobald dadurch die Gesundheit gefährdet, oder auch nur der Pestgeruch auf dieselbe nachtheilig einwirken kann, ingleichen für erforderliche Entwässerungen, — zu sorgen;

e. insbesondere steht die Anlage und Handhabung der Abtritte nnd das Abfuhrwesen unter ihrer Aufsicht und Ueberwachung.

Es sind dies Alles (zu III.) bekannte Vorschriften, die aus polizeilichen Gründen gerechtfertigt sind und gehandhabt werden sollen; wir führen sie nur in Kürze an, weil wir wohl wissen, dass Vieles auch von diesen der Ausführung noch entgegensieht.

## IV. Pflicht der Gemeinde für die arbeitende Klasse in und ausserhalb des Gewerbebetriebes.

Die Thatsache der Hilfsnothwendigkeit in der arbeitenden Klasse vorausgesetzt, fragt es sich:

wie soll die Hilfe gewährt werden, von wem und womit?

Dass die Durchführung dessen, was wir vorstehend (zu I.—III.) hervorgehoben, schon gewichtige und bedeutende Hilfsmittel zu Gunsten der arbeitenden Klasse in sich schliesst, springt in die Augen; ihre Wirksamkeit in ihrer Gesammtheit und in humaner, eingehender, theilnehmender Verwirklichung wird entschieden von wohlthätigstem Einflusse sein; aber eine directe Beihilfe schliessen sie im Wesentlichen nicht ein, und erledigen daher nicht die gestellte Frage der Art und Ausführung derselben; diese ist nothwendig bedingt durch die Gründe des Nothstandes, an welche sie sich anzuschliessen hat. Deshalb müssen wir und zwar im nur theilweisen Einverständniss mit den Ansichten der Wissenschaft uns das Gebiet dieser Gründe übersichtlich klar machen, was in folgenden schon oben behandelten vier Sätzen, die als leitend und bestimmend von Einfluss sind, im Zusammenhange geschieht:

1) Der Nothstand bei den arbeitenden Klassen in ihrer Gesammtheit hat nach Massgabe seiner Entstehungsart in den verschiedenen Erwerbszweigen, nach der Verschiedenheit der Culturentwickelung in den verschiedenen Landdistrikten sehr verschiedene Gründe, die theils vereinzelt, theils vereinigt ihre Wirkungen äussern; — von Einem Radicalmittel, welches im Stande wäre, die Gründe dieses Nothstandes, sei es auch nur theilweise oder der Regel nach, zu beseitigen, kann nicht die Rede sein. Ein Proletariat wird es immer geben!

2) Auch auf dem engen Gebiete der gewerblichen Thätigkeit, dem der Lohnarbeit, sind die Gründe des Nothstandes verschiedene, wenn auch Ein Grund als ein besonders schwerwiegender und tiefgreifender, hervortritt. Dieser liegt in der von der Macht des Capitals getragenen Industrie, welcher die Macht der Lohnarbeit nicht gewachsen ist. Mit dem Aufschwunge jener hat die Löhnung der Arbeit grossentheils nicht gleichen Schritt in ihrer Erhöhung nach Massgabe des Reinertrages zu halten vermocht. (S. 19.) Für diesen Fall giebt es bei Anerkennung und Aufrechthaltung der Freiheit der Capitalnutzung kein Mittel, welches in seiner Anwendung die Lohnarbeiter zu befriedigen vermöchte, ohne die Entwickelung der Industrie zu schädigen.

3) Es liegt einerseits keineswegs immer oder auch nur oft im guten Willen der Arbeitgeber oder in deren Macht, dem Nothstande ein Ende zu machen, anderseits ist die Lebhaftigkeit der Arbeiterbewegung an sich noch kein Grund, einen wirklichen Nothstand für dargethan zu erachten; die gemeinhin einstimmig gefassten Massenresolutionen bei den Arbeiterbewegungen sind meist nur beachtenswerth für die polizeiliche Sicherheit und als Aeusserungen factischen Druckes; für die volkswirthschaftliche Beurtheilung haben sie nach Massgabe ihrer Entstehungsart kaum mehr Werth, als die Ansicht eines Einzelnen.

4) Das zu erstrebende Ziel ist durch die Grenze des Erreichbaren gesteckt, welche gezogen wird durch die Freiheit der industriellen und sonstigen Productionskraft einerseits, und durch die Selbsthilfe anderseits; diese muss sich erst erschöpfen, bevor von einer andern Hilfe

die Rede sein kann. Sinkt sie dergestalt, dass ihre Träger sich nicht mehr auf dem Standpunkte leistungsfähiger Subsistenz zu erhalten vermögen, dann ist die anderweitige Hilfe ihnen nicht vorzuenthalten. — Diese, schlechtweg Staatshilfe genannt, eigentlich aber Gemeindehilfe, und die Selbsthilfe stehen im nothwendigen Causalzusammenhange. Die Form und Art der Gewährung mit der möglichen Garantie ihres beiderseitigen Erfolges ist eine Cardinalfrage bei der Lösung der Aufgabe. —

Die Gemeindehilfe zerfällt der Regel nach in drei zwar zusammenhängende, aber doch in sich verschiedene, nacheinander wirksame amtliche Functionen:

a. die Function der Vermittelung,
b. die Function der Feststellung des Nothstandes,
c. die Function der Feststellung der Art und des Umfangs der Hilfsleistung.

Die Gesammtfunction ist Gegenstand der amtlichen Wirksamkeit des Gemeindevorstandes und seiner zu bestellenden Organe. Sie erfolgt nicht von Amtswegen, sondern der Regel nach nur auf Antrag der Betheiligten; denn es wäre eine Beeinträchtigung der Selbsthilfe, jene von Amtswegen aufzudringen, es sei denn, dass ihre Dringlichkeit anerkannt werden müsste.

### 1. Gemeindefunction der Vermittelung.

Es steht den über Arbeitslohn und was dem anhängt in Streit begriffenen Parteien unbedenklich frei, ja, es ist sogar wünschenswerth, wenn sie aus eignem Antriebe und ganz nach eigner Verständigung sich irgend eine Vermittelungsstation nach Wahl oder sonst schaffen, und durch diese wo möglich zur friedlichen Einigung gelangen; macht aber eine Partei einen bezüglichen Antrag, so ernennt der Gemeinde-Vorstand aus seiner Mitte oder der Mitte der Gemeindevertretung einen Vermittelungs-Commissar, welcher nach Massgabe einer ihm zu ertheilenden Instruction zunächst nach Anhörung der Parteien mit der Wahl und Constituirung eines Vermittelungsausschusses aus beiden Parteien beginnt, als dessen Vorsitzer er die weiteren Verhandlungen leitet. Es ist für den Erfolg der Vermittelung nicht ohne Bedeutung, dass der Commissar eine selbstredend über jedes Interesse einer der Parteien erhabene, sonst den Verhältnissen und Personen nicht fremde Persönlichkeit ist, welcher das persönliche Vertrauen entgegen getragen wird. Wünsche, aus den Parteien gestellt, werden wohl zu beachten sein. Kommt ein Vergleich zu Stande, so hat es dabei sein Bewenden, und die Function ist damit geschlossen. Der Gemeinde-Vorstand hat das Recht und die Pflicht, von dem Inhalt des Vergleichs Kenntniss zu nehmen und jede Bestimmung desselben, welche gegen das allgemeine oder Gewerbegesetz, oder eine Polizei-Verordnung oder gegen die Sittlichkeit verstösst, ausser Kraft und Verbindlichkeit zu setzen, wovon die Parteien Nachricht erhalten.

Die Wirksamkeit der Vermittelungs-Commission betrifft aber keineswegs nur die Verhandlung mit streitenden Parteien und wo möglich das Zustandekommen eines Vergleichs, oder auch einen Compromiss auf ein Schiedsgericht; sie geht gleichzeitig auf die Feststellung des eigentlichen Thatbestandes über die Lage des leidenden Theils und über die Mittel der Hilfsleistung. Nicht immer ist der Arbeitnehmer der gedrückte Theil; auch der Arbeitgeber kann unter besonderen Umständen die Hilfe der Vermittelungs-Commission nachsuchen, z. B. im Fall einer Zahlungseinstellung, eines Brandschadens u. dgl., in welchem es sich um die Erhaltung und zeitweisen Fortführung der Fabrikstelle handelt u. s. w. Die Fälle sind zu verschieden, als dass es möglich erscheint, eine eingehende Anleitung für den Gemeinde-Commissar in der Art und Richtung der Operation zu ertheilen; nur im Allgemeinen kann der gewöhnliche Gang derselben angedeutet werden. Vor Allem ist erforderlich: eine gründliche umfassende Information. Der Aufforderung des Commissars zur Auskunft, — Zeugniss oder Gutachten unter Versicherung der Wahrheit an Eides statt, — hat Jeder ohne Unterschied unweigerlich und nöthigenfalls bei Strafe zu entsprechen; denn es handelt sich nicht um ein blosses Geld-Interesse, sondern im Endziele um das hohe Interesse der Subsistenz eines Volkstheils, — um die friedliche und humane Erledigung eines wirklichen Kampfes um's Dasein nach ethischer Vorstellung! — Zu einem solchen Zwecke hat Jeder beizutragen, daher werden Vergütigungen für Versäumniss, oder Gebühren für Gutachten u. dgl. nicht gewährt; nur wirklich nothwendige baare Auslagen werden aus der Gemeindekasse erstattet. Zur Information gehört nun:

Vernehmung der Interessenten resp. ihrer Wortführer;

Vorlage der Arbeitsverträge, Arbeitsbücher und sonstiger bezüglicher Arbeitsreglements und Instructionen, selbst der Wirthschafts- und Betriebsbücher, — in so weit es unbeschadet des zu tiefen Eindringens in Vermögens- oder geheim zu haltende Gewerbsbetriebsverhältnisse statthaft erscheint;

Vorlage aller bisherigen Verhandlungen, namentlich auch derjenigen, welche in Gewerbe- oder Arbeitervereinen über die Angelegenheit bereits gepflogen, oder etwa in sogenannten Gewerksvereinen — welche bekanntlich die Specialinteressen eines Gewerks zu wahren und zu vertreten sich zur Aufgabe stellen, — zum Gegenstande der Erörterung erhoben worden sind;

Gutachten der etwa bereits als amtliche Organe bestehenden Gewerberäthe oder Gewerbekammern oder sonstiger Sachverständiger über die sich herausstellenden — weniger allgemeinen als speciell bestimmt und scharf zu formulirenden — Fragen;

Erforschung der eigentlichen Gründe des Erwerbsconflicts; sie liegen oft viel tiefer, als es scheint und angegeben wird.

Nach dieser Information folgt die Feststellung der Forderungen nach ihrer Höhe und Art. Die Prüfung ihrer Gründe und der Garantie eines nachhaltigen Erfolges (vielleicht auch nur theilweisen oder zeitweisen) aus der Gewährung der Forderungen oder Hilfsleistungen ist eine Hauptaufgabe der berathenden Thätigkeit der Vermittelungs-Commission, wobei selbstredend die unbefangene und vorurtheilsfreie Leitung ihres Vorsitzers und sein eignes allseitig zu motivirendes Urtheil von der höchsten Bedeutung sein muss; selbst seine nachsichtige, wenn auch ernst und entschieden zu motivirende Zurückweisung von Ansprüchen, die ihrer Natur nach unzweifelhaft der Begründung entbehren (wie z. B. die neuerdings von einer Bauarbeiter-Coalition gestellte Forderung des Verbots jeder Accordarbeit, die im Grunde die der Freiheit des Arbeiters würdigste Arbeitsart ist, oder der völligen Gleichstellung von schlechten und guten Arbeitern in der Lohnhöhe) — oder die sonst gegen Gesetz und Ordnung verstossen, kann nur von zweckdienlichstem Einfluss auf Gang, Abkürzung und Erledigung der Verhandlungen sein.

Für gewisse Fabrikarbeit — selbst sogar auch beim landwirthschaftlichen Betriebe grösserer Güter ist der Versuch nicht erfolglos gemacht worden, — hat sich das Princip der Gewinnbetheiligung der Arbeiter am Unternehmen als ein empfehlenswerthes und allseitig erspriessliches bewährt. Es ist das Tantièmesystem, welches, — verschieden geformt, je nachdem dem Arbeiter ein verhältnissmässiger Gewinn am Reinertrage des gesammten Geschäftsbetriebes, sei es im Verhältniss des zum Grunde zu legenden bisherigen Betrages des Arbeitslohnes zu den Gesammtkosten nach Jahresabschlüssen gezahlt, oder sonst in Antheilscheinen (Bonussystem), welche entweder die Natur der Geschäftspassiva, oder der partiellen Theilhaberschaft und Geschäfte (Actienantheilschaft) in sich schliessen, — gewährt wird.

In allen diesen Fällen ist das Interesse des Arbeiters an dem Bestehen des Geschäftes und seiner Prosperität unmittelbar und bis zur höchsten Stufe des Miteigenthümers geknüpft, und — bei sonst richtiger fundamentaler Anlage der Antheilsberechnung, — jedem Streite über Lohnhöhe, jeder Schädigung durch Arbeitseinstellung, jeder sonstigen Beeinträchtigung des gedeihlichen Betriebes eine natürliche Schranke gesetzt, deren wohlthätige Rückwirkung auf das Bewusstsein selbstständiger Stellung und deren Sicherung für den Arbeiter zu Tage liegt. Selbstverständlich kann die Erschaffung und Verbreitung dieses Arbeiter-Tantième-Systems nicht erzwungen werden, es ist das Product intelligenter Männer, die an die Spitze von Betriebsanstalten gestellt, die Bedeutung der Arbeitskraft für dieselbe erkannt, und thatsächlich gewürdigt haben; so viel bekannt, ist die Durchführung dieses Systems bisher auch für die Begründer nur von Nutzen gewesen.

Für unsern nächst vorliegenden Zweck ist der Umstand nicht unerheblich, dass die Vermittelungs-Commission geeigneten Falls in der Vorbereitung der Anbahnung und endlichen Begründung eines Tantième-Verbandes das zutreffende Mittel finden und nutzbar machen kann, ihre Aufgabe mit Befriedigung der Interessenten zu lösen.

Ein noch viel bedeutungsvolleres Mittel, dem Nothstande der Arbeiter und ihrer Klage ein Ziel zu setzen, ist ihre Vereinigung zum Zweck der unmittelbaren Verwerthung ihrer Arbeits- und sonstigen Kraft in einem Gesammtbetriebe derselben; es ist das in England vielfach bereits zur gedeihlichsten Blüthe erhobene Wesen der sogenannten Productiv-Genossenschaft, der höchste Grad des Tantièmesystems. Im Princip ist diese offenbar das einfachste und klarste Radicalmittel, die sociale Frage bei der Industrie aus der Welt zu schaffen. Gelingt es der Arbeiterbewegung, die gestellte Aufgabe zu lösen, und die Eigenschaft des Arbeitsgebers und Arbeitsnehmers in der neuen Schöpfung zu vereinigen, so kann wenigstens von einem Conflicte der beiden Kategorien innerhalb des Geschäftes füglich nicht mehr die Rede sein. —

Das Zustandebringen und Gelingen einer solchen Genossenschaft ist aber sehr schwierig und auch die Fortführung des Betriebes ebenso wenig leicht. Es fehlt den Arbeitern fast immer das erforderliche Capital, und der umfangreiche Credit, welcher die Schöpfung unabweisbar erfordert; es fehlen ihnen die, überhaupt seltenen, umsichtigen und das Geschäftswesen in allen Richtungen kennenden Männer, die es mit Aussicht auf Erfolg ins Leben zu rufen und ebenso fortzuführen vermöchten. Unter den Arbeitern selbst sind dergleichen gewiss sehr selten zu finden. Es ist zwar richtig, dass dergleichen Associationen in England im Kleinen sich gebildet und allmählich zu mächtigen Fabrikstellen entwickelt haben; aber es ist nicht in Abrede zu stellen, dass die Schwierigkeit, im kleinen Anfange die Concurrenz der Grossindustrie zu überwinden, oft unverhältnissmässig steigt, und den Erfolg des Unternehmens beeinträchtigt. — Nichtsdestoweniger — so scheint es uns — ist die Anbahnung dieser genossenschaftlichen Wirksamkeit möglichst zu fördern; es ist dieses das geeignete Gebiet, auf welchem sich die gesellschaftliche und Gemeindehilfe im Beistande des Staates durch Capital, Credit oder sonstige Garantiegewährung hoffentlich am fruchtbarsten und erfolgreichsten bethätigen kann und zu bethätigen haben wird. Es kommt ja vor Allem darauf an, dass ein Anfang dieser socialen Entwickelung ermöglicht und gemacht, dass damit das noch unbenutzt gebliebene Bereich der Erfahrungen betreten, und der erste Grundstein zur socialen Productionskraft der Arbeit gelegt, dadurch aber – und das ist nicht hoch genug zu schätzen — das Anerkenntniss ihres Werthes thatsächlich dargethan, und der ganze Vorrath intelligenter und einheitlicher Arbeitskraft zur selbstbewussten Entfaltung und Verwerthung in Vertrauen gewährender und vertrauenswürdiger Weise in Thätigkeit gesetzt werde. — Ist demohngeachtet die Hilfe eine fruchtlose gewesen; — können sich die Associationen nicht halten, und gehen die ihnen gewährten Hilfskapitalien vielleicht grossentheils verloren; — wohlan — dann ist auch damit die Erfahrung, die uns daraus erwachsen wird, noch nicht zu theuer erkauft; und sie wird mit Macht und maassgebend für den sicheren Erfolg der weiteren Erwägung zur Seite stehen. Die Gesammtheit, — Gesellschaft, Gemeinde und Staat — wird sich aber — wir glauben ohne grosse fühlbare Opfer — das Bewusstsein erworben haben, dass sie ihre Schuldigkeit gethan hat. Eine bessere, überzeugendere Widerlegung erneuter Forderungen nach dieser Richtung und eine kräftigere moralische Ueberwindung ihres Andranges kann kaum geschaffen werden.

Es wird immerhin nach Massgabe der Sachlage eine hochwichtige Aufgabe der Vermittelungs-Commission sein, zu prüfen, ob Elemente — geistige und materielle, — hinlänglich vorhanden sind, um zur Bildung einer Productiv-Genossenschaft die Hand zu bieten, und die dazu fehlende Hilfe, welche vielleicht nach Massgabe des Gegenstandes und der Betriebsart nur eine geringe ist, nach Form und Umfang zu begründen resp. in Aussicht zu stellen. Wir sehen aus dem Wirkungskreise, der sich der Vermittelungs-Commission hierbei mehr oder weniger eröffnet, dass sich in demselben eine unendlich vielseitige und tiefe Einsicht in die Lebensweisen der Arbeitsklassen nach ihren Licht- und Schattenseiten erschliessen muss, die reichlichen Stoff bieten dürfte, die gesellschaftliche Hilfe — die oft die zum Zweck geeignetere ist, als die aus der Gemeinde, — anzuregen und zu beleben; es bedarf dazu nicht selten nur des klar motivirten Aufrufs und der glücklichen Wahl des Mannes, der die Ausführung seiner Ziele zu vertreten versteht; aber abgesehen davon, welches reiche Feld wohlthätiger Einwirkung muss sich daraus und aus dem weitern Verfahrungswesen in dieser Richtung für den Gemeindeberuf offen legen, der bisher — sei es in Ermangelung eines organischen Gesetzes für diesen Zweck, sei es aus principieller Abneigung vor Allem, was demselben hierbei nahe stand, — sich fast völlig theilnahmlos von jeder Einwirkung abgeschlossen hat.

Die dritte und letzte Function der Vermittelungs-Commission ist ihr Endgutachten über

a. die Begründung oder vermeintliche Berechtigung der geltend gemachten Forderungen — seien sie einseitig oder gegenseitig — resp. ihre Modification oder Herabsetzung;

b. die Zulässigkeit resp. Art und Umfang der zu gewährenden Hilfsleistung, sei es mittelbar oder unmittelbar;

c. etwaige provisorische Vorschläge zur Herstellung und Erhaltung eines friedlichen, die Subsistenz der Arbeiter und den Fortgang der Arbeit möglichst sichernden Abkommens bis zum endlichen amtlichen Austrage der Sache.

Bei streitenden Parteien wird sich dies Gutachten nach Massgabe der Zusammensetzung der Commission der Regel nach nicht als ein einheitliches darstellen; es wird ein nach beiden Seiten hin getheiltes sein, über dessen Entscheidung das Gutachten des Commissars, als Vorsitzers, den Ausschlag zu geben hat. Ueberhaupt wird die Art der Abstimmung und die Höhe der Stimmen ersichtlich gemacht werden müssen.

Die dergestalt abgeschlossenen Vermittelungsverhandlungen reicht der Commissar, — jedenfalls unter Begleitung seines eigenen Gutachtens — dem Gemeindevorstand ein. Dieser ernennt einen Referenten, welcher nicht der Vermittelung-Commissar sein darf, — und beschliesst auf dessen Vortrag. Dieser Beschluss beschränkt sich auf folgende mit kurzer Begründung zu versehende Festsetzungen:

a. dass die näher bezeichneten Forderungen in der gestellten Höhe — oder nur in dem zu ermässigenden Betrage oder in der zu bestimmenden Art und Form der Leistung oder Gegenleistung — für begründet oder für unbegründet zu erachten;

b. im Fall der Begründung und einer beanspruchten Hilfsleistung, deren Prüfung zur weitern amtlichen Erörterung und resp. Festsetzung zu überweisen;

c. bis zum endlichen Austrage es bei dem — näher zu bestimmenden — provisorischen Zustande zu belassen.

Es versteht sich von selbst, dass, im Fall ad a. die Ansprüche als ganz unbegründet zurückgewiesen werden, dadurch sich jede weitere Festsetzung ad b. und c. erledigt und das Verfahren für abgeschlossen zu erachten ist.

Die Festsetzungen werden den Interessenten in einem Termin publicirt.

Gegen jede Festsetzung des Gemeindevorstandes in der obigen Art (a—c.) steht jedem Partei-Interessenten das Recht der Berufung an die Königliche Regierung zu; bis zum Eingange der Endentscheidung derselben hat es bei der provisorischen Festsetzung ad c., welche nöthigenfalls mit Execution zu erzwingen, sein Bewenden. Dass dabei mit aller Vor- und Umsicht zu verfahren sein wird, bedarf keiner Ausführung.

Was aber die Festsetzung ad a. anbetrifft, so hat dieselbe auch nur die Eigenschaft eines amtlichen Gutachtens, und ist nur als solches von gewiss weittragender moralischer Bedeutung; eine bindende Kraft für die Partei-Interessenten steht ihm nicht zur Seite, und wie weit eine etwaige richterliche Entscheidung auf dasselbe ein massgebendes Gewicht legt, bleibt dem gesetzlichen Ermessen derselben vorbehalten.

Im Uebrigen steht es den Interessenten in jedem Falle und in jedem Stadium der Sache frei, eine Wiederaufnahme der Vermittelungs-

Verhandlungen zu verlangen; — ingleichen versteht es sich von selbst, dass nur in den Fällen von einer Wirksamkeit der Vermittelungs-Commission die Rede sein kann, in welchen etwas zu vermitteln ist; es wird namentlich im Nothstande der Vereinzelung eine grosse Zahl von Fällen geben, in welchen von einer Vermittelungs-Verhandlung nicht die Rede sein kann.

### 2. Function der Feststellung des Nothstandes und Festsetzung der Gemeindehilfe.

Die Aufgabe ist, wie oben (S. 34 ff.) bereits ausgeführt:
Herstellung und Erhaltung leistungsfähiger Subsistenz durch Gemeindehilfe.

Ihre Lösung geschieht, als die Erfüllung einer — neu zu schaffenden — Pflicht der Gemeinde durch eine nach Vorschrift der Städte- oder Gemeinde-Ordnung aus Mitgliedern des Gemeindevorstandes, der Gemeinde-Vertretung und unmittelbar aus der Gemeinde zu wählenden Commission, mit dem Namen: Erwerbshilfe-Commission der Gemeinde N. N. — als ein Organ des Gemeindevorstandes. Als solcher gebührt ihr zunächst für jeden einzelnen Fall, welcher bei ihr, sei es durch die Vorarbeit einer Vermittelungs-Commission oder ohne dieselbe, unmittelbar in Antrag gebracht wird, die gesammte Instruction desselben. Dieselbe wird der Regel nach Folgendes zu umfassen haben:

1) Allgemeine Feststellung des Thatbestandes der Noth:
   a. Alter, Familien- und Vermögensverhältnisse;
   b. Gewerbs- oder Erwerbsart; bisheriger Umfang des Erwerbsverdienstes und dessen Verwendungsweise (Nahrung, Kleidung, Wohnung, Kinderpflege etc.).

   Die Angaben müssen bescheinigt, nöthigenfalls durch Zeugen, Sachverständige oder sonst zu erfordernde Auskunft zur Wahrheits-Ueberzeugung nachgewiesen werden.
2) Feststellung der beanspruchten Hilfsgewährung:
   a. Vernehmung der Antragsteller, — so weit solche nicht schon aus den Vermittelungs-Verhandlungen zu entnehmen, — über Art und Höhe der Hilfe;
   b. Nachweis des Bedarfs, — erforderlichenfalls durch Zeugen und Sachverständige zu führen;
   c. sorgfältige Prüfung und Ermittelung, ob der Bedarf nicht auf andern Wegen, als der der unmittelbaren Gemeindehilfe,

z. B. Verwandtenpflicht, Bereitwilligkeit der Arbeitgeber, Beschaffung von Arbeitsvorrath oder Gelegenheit oder Verwerthung von fertiger Arbeit, Wohnungsnachweis, Benutzung der Gesellschafts- oder Genossenschaftshilfe durch Theilnahme an Vorschuss- und Creditvereinen, Consumvereinen, Rohstoff-, Magazin- oder sonstigen Gewerksgenossenschaften, nöthigenfalls unter Mitwirkung und unmittelbarer Beihilfe der Gemeinde, sei es auch nur zeitweise, — herbeizuführen ist. Dabei wird die Benutzung aller gemeinnützigen Anstalten, die der Gemeinde selbst gehören, oder bei deren Bestehen sie unmittelbar oder mittelbar interessirt, z. B. Unterbringung von Kindern in Pflegeanstalten, vorzugsweise in Betracht kommen, und überhaupt, so weit thunlich, ein befriedigendes Einverständniss der Bittsteller mit der Art der offerirten Hilfsleistung zu erzielen versucht werden müssen;

d. Zeitraum, für welchen die Hilfe beansprucht wird.

3) Gutachtliche Fesstellung der aus Gemeindemitteln zu gewährenden und als genügend für leistungsfähige Subsistenz anzuerkennenden Hilfe, sowie des Zeitraums ihrer Gewährung, — sei es nun in Form einmaliger oder laufender baarer Zahlung, oder in Form von Vorschuss oder Darlehn, mit oder ohne Zinsen, oder in Form von Credit, Bürgschaft u. dgl.

Einer ganz besonders sorgfältigen Fesstellung wird es selbstredend bedürfen, wenn es sich darum handelt, durch Gemeindemittel (welchen wir die der Regel nach mit einzutretende Staatsbeihilfe einrechnen) eine Arbeiterassociation zu begründen und ins Leben zu rufen, wobei die Höhe und Beschaffenheit des erforderlichen Stamm- und Betriebscapitals sowie dessen möglichste Sicherstellung nebst Verzinsung und Amortisation wesentlich in Betracht kommen.

Die dergestalt abgeschlossenen Instructionsverhandlungen überreicht die Erwerbs-Hilfecommission dem Gemeindevorstande, welcher auf ihre gutachtlichen Anträge die Festsetzung beschliesst. Gegen diese Festsetzung steht die Berufung an die Königliche Regierung offen, die auf eine solche endgültig befindet. Als selbstverständlich muss aus Gründen der Gemeindeverfassung und des Haushalts dabei hervorgehoben werden:

1) dass dergleichen Fessetzungen nur dann ohne Weiteres und mit Erfolg vom Gemeindevorstande gefasst und beschlossen werden können und dürfen, wenn ihr Umfang sich innerhalb

des etatsmässig oder sonst für diesen Zweck zur Disposition stehenden Gemeindefonds bewegt;

2) dass entgegengesetzten Falls der Gemeindevorstand sich vorher mit der Gemeindevertretung wegen Beschaffung der Fonds in Einvernehmen wird zu setzen haben, und

3) dass, im Fall eine ausserordentliche Staatshilfe zu beanspruchen für erforderlich erachtet wird, eine solche vorher in geeignetem Wege nachzusuchen und zu erzielen, — die Hilfsfestsetzung aber alsdann erst nach Massgabe derselben und der etwa beigefügten Modalitäten erlassen werde;

4) dass endlich in jedem Falle, in dem sich aus den Ermittelungen oder im weitern Verlaufe nicht sowohl das Bedürfniss der Herstellung der Subsistenz als vielmehr das der öffentlichen Armenpflege herausstellt, die Sache ohne Weiteres an die Verwaltung derselben abzugeben, und das Verfahren unter Benachrichtigung der Interessenten einzustellen ist.

### 3. Function der dauernden Verwaltung der Angelegenheit der Erwerbshilfsleistung.

Das Wesen der in Rede stehenden Hilfsgewährungen aus Gemeindemitteln bedarf, — ausser der Feststellung der für dieselben geeigneten Fälle, wovon oben die Rede gewesen — einer dauernden Verwaltung, welche gleichfalls der Erwerbs-Hilfecommission anzuvertrauen ist. Die Erfordernisse dieser Verwaltung und die daraus entspringenden Obliegenheiten bestehen wesentlich in Folgendem:

1) Information. Die Commission hat sich in Besitz des möglichst vollständigen statistischen Materials über die gesammten Gewerbs- und Erwerbsverhältnisse innerhalb des Gemeindeverbandes zu setzen, und in diesem Besitz ununterbrochen zu erhalten. Hierbei werden die amtlichen Bevölkerungslisten, die Veranlagungen zur staatlichen Gewerbe-, klassificirten Einkommen- und Klassensteuer, sowie zu den Gemeindesteuern eine Grundlage gewähren, auf welcher die weitern Ergänzungen und Vervollständigungen, vorzugsweise in den Kategorien, innerhalb derer bekanntermassen der Nothstand hervorzutreten pflegt, und zwar in folgenden Richtungen herbeizuführen sind:

a. Gewerbe, Zahl der Meister oder selbstständigen Inhaber, Zahl der Gesellen oder Gehilfen und Lehrlinge, Höhe des Arbeitslohnes derselben bei jedem Gewerbe, in Geld, Kost, Wohnung etc., bei Stück- oder Accordarbeit arbiträr geschätzt;

b. Fabriken in gleicher Weise;

c. freie Handarbeiter und Tagelöhner, Zahl und Höhe des Arbeitslohns in Städten oder auf dem Lande;

d. Kosten des Lebensunterhalts, Preise der Lebensbedürfnisse nach amtlicher Feststellung, ingleichen der Miethe für Wohnung, Abgaben für Kirche und Schule;

e. Zahl, Umfang und Einrichtung der in der Gemeinde befindlichen gemeinnützigen öffentlichen Anstalten, deren Wirksamkeit den Aufgaben der Commission dienlich sein können, als: Sparkassen, öffentliche Credit- und Pfandleihe-Anstalten, milde Stiftungen, Erziehungs-Anstalten, Kranken- und Waisenhäuser, Kinderbewahr-Anstalten u. s. w.;

f. Zahl, Umfang und Einrichtung der in der Gemeinde befindlichen, meist aus der Gesellschaftshilfe hervorgegangenen gemeinnützigen Privat-Anstalten und Vereine, als: Vorschusskassen, Consumvereine, Vereine für das Wohl der arbeitenden Klassen u. s. w.;

g. Zahl und Art der Gewerbevereine, Gewerksvereine und sonsiger Gewerksgenossenschaften.

2) Es wird eine besondere Erwerbs-Hilfekasse gebildet; dieselbe ist zwar ein Theil der Gemeindekasse, und wird von derselben zunächst dotirt; sie erhält aber eine getrennte Verwaltung, welche der Hilfe-Commission unterbreitet wird. Alle Zahlungen, welche als Gemeindehilfe geleistet werden, geschehen lediglich durch die Hilfskasse, und werden von ihr controllirt, namentlich auch die Zinsen und Rückzahlungen von Vorschüssen.

Ihre Einnahmen bestehen:

a. in einer festen Jahresdotation aus der Gemeindekasse;

b. in dem Mehreinnahmebetrage der Gemeinde-Einkommensteuer, welcher der Gemeindekasse aus der progressiven Steuererhöhung der höhern Einkommensteuerpflichtigen erwächst;

c. in ausserordentlichen Zuschüssen aus den Gemeinde-Einnahmen, und in den Zuschüssen des Staates;

d. in sonstigen, sei es von Einzelnen, oder auf dem Wege der Gesellschaftshilfe erwachsenden mildthätigen Zuwendungen.

Die Ausgaben:

a. in Verwaltungskosten, nämlich den unvermeidlichen Kosten der Kassenverwaltung selbst und in der Erstattung baarer Auslagen, soweit solche bei der Verwaltung entstehen;

b. in der Zahlung der festgesetzten Gemeindehilfsgelder, der laufenden, wie der einmaligen, an die derselben Bedürftigen;

c. in der Zahlung von Hilfs- und Unterstützungsbeiträgen an gemeinnützige Gesellschaftsverbände.

Ausser dieser Kassenverwaltung wird die Commission neben dem möglichst der Wahrheit getreuen Abbilde von dem jederzeitigen Stande der Erwerbsverhältnisse in der Gemeinde, das ein stets zu erneuendes vollständiges statistisches Material und eine sonstige aufmerksame Beobachtung ihr zu liefern hat, sich als allgemeines Aufsichts- und Vertretungsorgan der gesammten gemeinnützigen Gesellschaftsbestrebungen innerhalb des Gemeindebezirks anzusehen, und demgemäss ihre Einwirkung auf dieselben (S. 25 ff.) einzurichten haben. Alle darauf bezüglichen Anträge von Vereinen etc., alle Beihilfen derselben aus den Mitteln der Gemeinde, sowie die Art und Weise der Gemeindevertretung bei der Vereinsthätigkeit kommen zu ihrer Berathung, Entschliessung und Ausführung.

Es versteht sich von selbst, dass bei grossen Stadtgemeinden von etwa 100,000 Seelen und mehr eine angemessene organische Theilung der oft vielseitigen Arbeit herbeizuführen ist; überhaupt können wir uns schliesslich der Mahnung nicht enthalten, dass diese Theilung als eine dringende Aufgabe für die gesammte Verwaltung solcher Gemeinden und der von der Reichshauptstadt insbesondere, wird angestrebt werden müssen. Es wird unsers Erachtens dazu einer durchgreifenden Dismembration des Ganzen unter Erhaltung einer Spitze als einigenden und vermittelnden Elementes bedürfen, — nicht blos im Interesse des Gelingens der Zweige der Verwaltung überhaupt, sondern auch vorzugsweise zur Hebung des Gemeinsinnes, welcher bei umfangreicher Centralisation sich im Einzelnen nicht entfalten, und zur fruchtbaren Geltung bringen kann; sein Ziel, welches er in dem ehrenden, dankbaren, aus nächster Anschauung und persönlicher Berührung hervortretenden Anerkenntniss seiner Thätigkeit innerhalb eines übersichtlichen Wirkungskreises zu suchen hat, wird durch den zu grossen Umfang seiner Thatkraft entrückt und schwer erreichbar.

## 6.

## Der Staat und die Staatshilfe in der socialen Frage.

Unsere Ansichten über die Begründung und Durchführung der sogenannten Staatshilfe in der socialen Frage haben wir im Wesentlichen in dem Vorgesagten unter Bildung derselben als Gemeindehilfe bereits ausgesprochen. Bevor wir sie schliesslich und in näherer Darlegung von staatlicher Seite zusammenfassen, erscheint es uns zur Klärung der Frage angemessen, eine andere Ansicht hervorzuheben und unserer Beurtheilung zu unterwerfen. Wir halten uns dazu gewissermassen und um so mehr verpflichtet, als wir dem Träger derselben dankbar sind, für seine theilnehmenden tiefeingehenden Schilderungen der Hilfsnoth der arbeitenden Klassen in den uns in dieser Beziehung weniger bekannten südlichen Theilen unsers Vaterlandes, und für die energische Empfehlung der geeigneten Hilfsquellen, welchen wir im Wesentlichen auch das Wort reden mussten; aber in der Art und dem Umfange seiner Ausführungen über den Staats- oder eigentlichen Reichsberuf in dieser Sache, und in dem Vorschlage der Organisation von Arbeitsämtern von Reichswegen können wir ihm nicht beipflichten.

Professor Schönberg sagt in seiner oben gedachten Schrift, in möglichster Kürze ausgedrückt:

> „Die Staatshilfe hat die — aus ethisch-volkswirthschaftlichen Gründen gebotene — unentbehrliche Grenze — eine sittliche Schranke, — zu ziehen gegen egoistische Einzelwillen im Gebrauch und gegen den Missbrauch der freien Concurrenz. — Active und directe Staats-Intervention, — wenn auch verschieden für jeden einzelnen Staat nach Massgabe seiner Entwickelung, — ist erforderlich, das wirthschaftliche Leben auf andern Grundlagen zu ordnen. Eine neue besondere Organisation der Gesellschaft, welche energische Hilfe garantirt, ist nothwendig."

Wir haben unter dem ersten Eindrucke dieser sehr entschieden und umfassend aufgestellten allgemeinen Sätze uns der Annahme nicht erwehren können, dass der Herr Verfasser eine radicale Umformung der volkswirthschaftlichen und gesellschaftlichen Lage im Staate bezwecke, und mit bestimmten Vorschlägen in dieser Richtung hervortreten werde. Dieses ist im Grunde nicht der Fall, und was davon zum Ausdruck gebracht worden, fällt im Wesentlichen mit den von uns vertretenen Tendenzen der Reform zusammen. Wir können aber nicht zugeben, dass dieselben direct gegen die freie Concurrenz, welche wir unter allen Umständen nicht beeinträchtigt wissen wollen, gerichtet, oder dass damit eine durchgreifende Umformung des wirthschaftlichen Lebens, oder eine neue Organisation der Gesellschaft bezweckt und erzielt werden solle; wir wüssten nicht einmal, worin dieselbe eigentlich bestehen soll und erfahren es auch nicht.

Noch weniger haben wir den Ansichten beipflichten können, welchen der Verfasser am Schlusse über die Anwendung des zeitigen Hauptmittels zum Zweck Ausdruck giebt. Dieselben gehen in kurzen Worten dahin:

> Es fehlt uns absolut die Kenntniss der realen Verhältnisse, welche nothwendige Voraussetzung für eine allgemeine Mithilfe an der Lösung, (Gesellschafts- und Staatshilfe) ist; — erst nach Erlangung derselben ist über Art und Maass derselben auf fester Grundlage zu discutiren. Diese zu erlangende Kenntniss ist die erste Hilfe, welche der Staat zunächst zu leisten hat. Einstweilen ist jede andere verbannt! —

Und in weiterer Ausführung:

> Die wirthschaftliche Gesetzgebung im deutschen Reiche ist im Wesentlichen verfassungsmässige Reichssache; dem Reiche steht die Aufgabe zu, das wirthschaftliche Leben Deutschlands zu ordnen. Demzufolge und da es nur eine deutsche Volkswirthschaft giebt, kann auch die — vorerst zu erstrebende — Feststellung der realen Verhältnisse von gleichen einheitlichen Gesichtspunkten nur durch die Reichsverwaltung erfolgen. Diese Feststellung soll aber erzielt werden durch Einrichtung besonderer ständiger Reichsämter, welchen es obliegen würde, sich die genaue Feststellung der Arbeiterverhältnisse und ihrer Veränderungen, der Production und Consumtion, — also der Aufstellung einer Arbeiterstatistik — zu unterziehen, — dann aber auch die vollständige Selbsthilfe zu wecken und die Gesellschaftshilfe anzuregen. Die Arbeitsämter, jedes über 250,000 Seelen mit einem Amtmann an der Spitze, nebst Oberämtern mit einem Oberamtmann und einem Controllamt mit einem General-Director (überhaupt 181) würden einen Aufwand von 1 Million Thaler jährlich beanspruchen. —

Wir wollen zunächst den Satz über die Reichscompetenz in dieser

Angelegenheit nicht weiter erörtern oder in Frage stellen, da es eigentlich nur darauf ankäme, genauer zu sagen: was Alles in einer wirthschaftlichen Gesetzgebung enthalten ist. Wir erkennen auch an, dass unsere Kenntniss in dieser Sache eine beschränkte und unzureichende, — meist nur locale und particulare — ist, und dass es im hohen Grade wünschenswerth, ja geboten erscheint, diese Kenntniss soweit als thunlich zu erweitern und über das ganze Reich — in einheitlicher Weise — auszudehnen, da dieselbe offenbar die Unterlage für die Gesetzgebung, wie für alle wissenschaftliche Forschung bildet; — aber aus diesem Grunde die als nothwendig anerkannte Hilfe in jedem einzelnen Falle zu sistiren, weil es an Information fehlt, wie weit überhaupt Hilfe nöthig ist, auch diese nur und lediglich auf guten Rath zu beschränken, das scheint uns doch wenig gerechtfertigt. Wir behaupten gradezu, dass auch unsere beschränkte Kenntniss der Sachlage doch eine genügende ist, um an die Leistung werkthätiger Hilfe heranzutreten; mag jeder, der zur Gesetzgebung oder deren Vorbereitung berufen ist, gewissenhafterweise seine Kenntniss vervollständigen, und durch Rede und Schrift verallgemeinen; mögen die Organe der Gesetzgebung sich die Information beschaffen, wie sie wollen. Stille stehen darf sie nicht, wo es die Noth gebietet! —

Wir zweifeln nicht, dass der Herr Verfasser uns Rceht geben wird, wenn wir ihm in seinen eignen Worten „das Loos vieler Millionen, die der schleunigen energischen Besserung der Verhältnisse harren," — vorführen, und dabei nach praktischer Erfahrung aufmerksam machen, dass sein Plan der Arbeitsämter erst nach Jahren uns die von ihm gewünschte gründliche Kenntniss liefern und uns die Hilfe erst recht in noch weitere Ferne rücken würde, wenn sie, wie er zu wünschen scheint, mit der reichsgesetzlichen Reorganisation der Wirthschafts- und Gesellschaftsverhältnisse in unmittelbare Verbindung gebracht werden soll.

Abgesehen davon können wir, wenigstens zur Zeit, es nicht für angebracht erachten, dass durch den Vorschlag der Arbeitsämter die in Rede stehende Sache fast zur ausschliesslichen Reichssache erhoben, und schon dadurch das Interesse der Einzelstaaten und ihrer Organe und gesellschaftlichen Verbände jeder Art an derselben abgeschwächt wird; dass zunächst der erste Schritt zum Heil allein in der Einheit des Reichs gesucht und von dem höchsten Organismus allein Hilfe — sei es auch vorerst nur informatorische oder consultorische — erwartet wird, während das Leiden gerade in den untersten Stufen des Volks, und zwar nicht gleichmässig, sondern ganz ausserordentlich verschieden nach Land und Ort, nach Beruf und Gewohnheit zu Tage tritt und die eigentlichen Organe eines mehr oder weniger gleichartigen Wirthschaftslebens in dem Gemeindeverbande in voller Passivität — höchstens als Anfragestellen für die Arbeitsämter — gelassen werden. Und dann fragen wir endlich, ist es politisch rathsam und geboten, aus der socialen Frage eine Reichsfrage zu machen, jener — sei es auch nominell, aber doch immerhin mit Errichtung eines grossen Reichsapparats — eine Bedeutung beizulegen, die sie doch nach unserer Auffassung noch nicht hat, und dadurch extravaganten Vorstellungen und Prätensionen gewisser Parteien Spielraum und Nahrung zu bieten, die nicht mehr in der vagen Forderung von Staatshilfe, sondern in der der Reichshilfe ihren Ausdruck gewönne? — Abgesehen hiervon ist für unsere Betrachtung die Frage: ob Reich oder Staat? — unerheblich; wenn wir vom Staate reden, so haben wir selbstverständlich das Reich nicht ausgeschlossen; dasselbe ist darunter verfassungsmässig mit begriffen. —

Das organische Leben des Volkes in den deutschen Staaten, und in Preussen insbesondere, hat nach seinen beiden Hauptrichtungen — dem staatlich politischen und dem socialen — gemeindlichen und gesellschaftlichen — weder einen gleichmässigen noch einheitlichen Fortschritt genommen. Der Gedanke des Ministers v. Stein, welcher als der erste tonangebende sich bereits 1808 in der alten preussischen Städteordnung für die freie Stadtgemeinde verwirklichte, wurde nicht weiter entfaltet und ausgedehnt; er erwartet noch, namentlich in Land, Kreis und Provinz, seine Durchführung. Die Freiheit des Gewerbes und der Gesellschaft ist zwar nur mit theilweise organisirter Form gesetzlich geschaffen. Dagegen hat die staatlich-politische Reform die sociale völlig überholt, die gesammtstaatliche Idee hat als grossmächtig-politischer Leitstern in Gesetz und Verwaltung des Staates hauptsächlich vorgewaltet, und den Begriff des Staatsbürgers, — nicht aber den ebenso wichtigen des Gemeindebürgers, — in's Auge gefasst; sie hat nach dieser untern Stufe des Lebens im Gemeindeverbande und in der Gesellschaft nicht organisch bildend und belebend gewirkt, vielmehr die Hindernisse freier Wirksamkeit lösend, sich aber nirgend schaffend, — nur negativ, nicht positiv — verhalten. Mit der Freiheit der Selbstverwaltung — welche der Staat den damit betrauten Gemeinden bewahrte, wir erkennen dies ungeachtet der vielen dieserhalb erhobenen und nur zum geringsten Theile begründeten Reclamationen an, — schienen auch dieselben abgefunden, und es blieb im Wesentlichen ihrer Selbstbestimmung überlassen, wie sie sich den Entschlüssen der Gesetzgebung und sonstigen Massnahmen des Staates gegenüber einrichteten. Ie thätiger und eingreifender sich die Action des Staates auf seinem Gebiete entwickelte, — wir heben hervor das politische Wahlwesen, Freizügigkeit, Beseitigung von Gemeindehebungen, Portopflicht u. s. w., desto zersetzender wirkte sie auf die unmittelbaren Interessen der Gemeinde, und namentlich auf das Wesen des festen Heimathsbestandes der Bewohnerschaft, desto schwieriger gestalteten sich die Verhältnisse in der Ueberwindung gesteigerter Bedürfnisse. Namentlich ist der grosse Aufschwung des Handels und Verkehrs, eben weil er sich in den Hauptstädten centralisirte, und damit Capital und ihre Träger an sich zog, der Mehrzahl der mittlern und kleinen Gemeinden als solchen nur in unerwartet geringem Masse oder gar nicht zu Gute gekommen, oder hat sie wohl noch durch Ableitung von Verkehrsinteressen geschädigt.

Dazu kam nun noch eine — wenn auch vielleicht nur behauptete — Staatsmaxime, die Gemeinden überhaupt nur als passive Aufsichtsstationen, soweit das Gesetz es eben ausdrücklich vorschrieb, anzusehen, und sich sonst nicht weiter um ihre Leistungskraft zu bekümmern; es war auch für die Regierung kaum etwas Anderes als ein passives Verhalten möglich, ohne den Vorwurf einer unberechtigten Einmischung in die Gemeindeangelegenheiten mit allem leidenschaftlichen Beiwerk wachzurufen, da nun einmal nicht zu läugnen ist, dass ein gewisser Umfang des Misstrauens gegen Maassnahmen der Regierung innerhalb der Gemeinden Platz gegriffen und ein Bestreben an den Tag gelegt hat, sich vor deren Einwirkung nach Möglichkeit abzuschliessen. Diesses Misstrauen wurzelt in dem Glauben, — wir lassen es ganz dahin gestellt, ob mit Recht und ob sich eben nur Wirkung und Gegenwirkung bedingen, — dass die Staatsverwaltung in den Gemeinden lediglich ihre Polizei- und Steuerbezirke und in deren Organen nur die Polizeiverwalter und Steuererheber, die dem Staate wenig oder nichts kosteten, sehe, und von denen für die sonstigen Staatszwecke (wir führen an das Polizei-, Steuer- und Schulwesen, die sonstige Verwaltung namentlich bei neuen Begründungen höherer Lehranstalten, Justizlocalen, bei Verkehrsangelegenheiten zumal in den Festungsstädten, überhaupt die Stellung zu den verschiedenen Sorten Fiscus bis zum Strassenfiscus in Berlin) der grösstmöglichste Beitrag, wo möglich allenfalls unter Concurrenz von Nachbarstädten herauszubringen zur Aufgabe stehe, — sonst aber vom Staate für eigentliche Gemeindezwecke wenig, oder dies nur als schwere Errungenschaft, oder nichts zu erwarten sei. Aus der neuesten Zeit wird als Beispiel angeführt, dass ungeachtet die Aufhebung der Mahl- und Schlachtsteuer allseitig als ein Bedürfniss anerkannt worden, dennoch das Gesetz darüber nicht zu Stande kam, weil die Staatsregierung den dadurch schwer betroffenen Gemeinden ein annehmbares Aequivalent zu bewilligen sich nicht entschliessen konnte.

Dieses unzuträgliche Verhältniss zwischen Staat und Gemeinde, — einerseits das Fernhalten einer theilnehmenden und thatkräftigen Beihilfe für Gemeindezwecke seitens des Staates, — anderseits das misstrauische Abschliessen der Gemeindeverwaltung von den Einwirkungen des Staates — muss aufhören, als dem Geiste beider zuwiderlaufend, und das Ganze schädigend. —

Nach dieser uns nothwendig erschienenen Betrachtung kommen wir auf unsere eigentliche Aufgabe zurück.

Mit dem Anerkenntniss der Gemeindehilfe und der ihr zur Seite stehenden Staatshilfe (S. 39 ff.) wird das neue Element einer staatlichen Einwirkung auf das Gemeindeleben in einer seiner Hauptaufgaben zum Durchbruch gebracht. Es wird in seiner zweifelsfreien Fruchtbarkeit zu pflegen und in einem um so höheren Grade zu entwickeln sein, je mehr das Princip der Decentralisation der Staatsverwaltung und der zeitgemässe Organismus von Gemeinden, Kreisen und Provinzen, so weit er noch erforderlich, zur endlichen Ausführung gelangt. Unbeschadet ihres Selbstbestimmungsrechts wird demgemäss die Staatsverwaltung ihr Aufsichtsrecht nicht nur mit Rath, sondern auch mit der That nach allen Richtungen des socialen Gemeindebedürfnisses zur Geltung zu bringen, und mit dem vollen Umfange der ihr zu Gebote stehenden intellectuellen und materiellen Mittel, überwachend und anregend, rathend und endlich helfend einzutreten, — eben aber durch diese Hilfsleistung das ihr alsdann gebührende Mitrecht zu erwerben haben, in geeigneter Weise auf die Verwendungsart und Form einzuwirken. —

Der Staat hat aber ausserdem noch vielseitige Verpflichtungen, — und wir haben derselben theilweise bereits gedacht, — um unmittelbar und mittelbar, — anbahnend und helfend, — zur Lösung der Bedürfnisse in der socialen Frage nachhaltig beizutragen; wir können diese staatlichen Obliegenheiten hier nur in ihren Grundzügen andeuten, und ihre Erwägung und sorgsame Ausführung — auch in den vielen Fällen, in welchen solche schon geschieht — in erhöhtem Grade für unsere Zwecke erwünschen.

1) In der Gesetzgebung:

a. zur Herstellung besserer Nahrungsverhältnisse der arbeitenden Klassen im Volke:

Aufhebung der Mahl- und Schlachtsteuer (S. 15) oder ähnlicher Consumtionssteuern, soweit sie bestehen, unter angemessener Subvention der dadurch in ihrem Haushalte benachtheiligten Gemeinden; Aufhebung der Salzsteuer, oder Belassung derselben unter Ueberweisung ihres Nettoertrages an die Gemeinden nach Verhältniss der Seelenzahl behufs ausschliesslicher Verwendung für die ärmere Volksklasse bei Handhabung der staatlichen Controlle darüber;

b. zur Beschaffung der Mittel für die erhöhten Gemeindebedürfnisse:

Einführung der progressiven Einkommensteuer (S. 38) unter Ueberweisung der ganzen durch die Progression erzielten Mehreinnahme an die Gemeinden, innerhalb deren ihre Entrichtung geschieht.

Ueberweisuhg von Hebungen und Gebühren (Pass- und Legitimationsgebühren), welche bisher von Gemeindeorganen besorgt, und an den Staat abgeführt worden, an die Gemeinden zur eigenen Verwenduag.

Aufhebung von Steuerexemtionen zu Gunsten der Gemeindesteuern;

c. im Verkehrsinteresse:

Emanation der längst gewünschten neuen Wegeordnung; Feststellung der Staats-, Kreis- und Gemeindestrassen als solcher, und Uebernahme der Unterhaltung seitens der Betheiligten. Wir bemerken hierbei, dass wir es nach gegenwärtiger und anzustrebender Lage der Kreisverwaltung für völlig unzuträglich erachten, derselben die Kreischausseen, welche die Natur der Staatsstrassen haben, (und dies ist entschieden die Mehrzahl) ferner zu belassen; da solche grossentheils wenigstens in den Ostprovinzen die Kräfte der Kreise mehr als alle andern Kreislasten in Anspruch nehmen, so sind sie gegen billige Schadloshaltung oder theilweiser Uebernahme der durch den Bau erwachsenen Kreisschulden vom Staate zu übernehmen.

Vorzugsweise aber ist für unsern Zweck, namentlich in gewissen Gegenden, von höchster Wichtigkeit die dauernde Herstellung und Instandhaltung der ländlichen Vicinalwege. Wer da weiss, dass durch den Mangel derselben bei ungünstiger Jahreszeit ganze Ortschaften wochenlang vom Verkehr mit der übrigen Welt abgeschnitten werden, wird die Höhe dieses Mangels für die arbeitende Volksklasse zu würdigen wissen;

d. im Zollwesen:

Da bei der Prüfung und Festsetzung des Zolltarifs und bei dem Abschluss bezüglicher Handelsverträge das Wohl des armen Mannes oft nicht unwesentlich interessirt, wird es für gerechtfertigt zu erachten sein, dass es nicht unberücksichtigt bleibe.

2) In der Verwaltung des Staates:

Wenn wir uns nach einem Ideale das vorführen, was der berufene Vertreter eines grossen Staates wissen soll, um über das Ganze der Arbeit in demselben, insbesondere das Gewerbe und die Industrie in allen Zweigen ein erschöpfendes Urtheil sich bilden zu können, — auch wenn dasselbe nur die uns zunächst angehende Frage, — den Arbeitslohn, — angehen sollte, — so kommen wir zu der Ueberzeugung, dass schon zur annähernd gründlichen Kenntniss des Erforderlichen eine ausserordentliche Befähigung einer Person nothwendig erscheint. Nicht blos der Umfang und die Verschiedenheit des Gegenstandes und nach den lokalen Verhältnissen; auch nicht blos die Schwierigkeit der vielseitigen Gründe und Motive sind es, welche die Klarheit und Uebersicht erschweren; — es ist in nicht seltenen Fällen kaum möglich, sich die erforderliche Kenntniss zu verschaffen, weil diejenigen, welche sie besitzen, mit deren Mittheilung zurückzuhalten Grund haben. Es handelt sich daher hier recht eigentlich nur um das Erreichbare. Wusste doch beispielsweise bei der neuen Gesetzesvorlage der Braumalzsteuer die Reichsregierung nur, dass das Volk in seinem gewöhnlichen Consumtionsartikel — dem Biere — stellenweise weder Hopfen, noch Malz erhielte, — aber was es denn sonst erhielte, das wusste sie nicht! —

Wir verzichten darauf, uns über dieses Gebiet der staatlichen Wirksamkeit — schon wegen unserer mangelhaften Kenntniss — näher auszulassen, und beschränken uns nur auf folgende Bemerkungen:

1. Die Nachforschungen, welche der Staat zu seiner gründlichen Information anzustellen hat, sind so bedeutend, dass die Verwaltung zu diesem Zwecke mit viel bedeutenderen Fonds, als die bisherigen waren, ausgestattet werden muss. Die Fortschritte in der Industrie, die Ausnutzung der Mechanik im Maschinenwesen, die Verwendung neuer Rohstoffe, die Verwerthung neuer Erfindungen, das Musterwesen, die Aufdeckung neuer Erwerbsquellen etc. etc., gebieten es, dass diese Nachforschungen weit über die Grenzen des Staates hinausgehen.

2. Eine besondere Aufmerksamkeit wird auch die Arbeiterbewegung im Auslande in Anspruch nehmen müssen. So lange die Centralstelle derselben, — die sogenannte Internationale in London — sich zur Aufgabe stellt, zum Hass gegen die Arbeitgeber, oder sonst zur Auflehnung und zur Kampfbegier gegen die öffentliche Ordnung aufzureizen, wird derselben mit der Strenge des Gesetzes zu begegnen sein; — ändert sie dagegen diese Tendenz, wie wir wünschen und hoffen, und erstrebt sie nur eine Vermittelung der internationalen Interessen der Arbeit und deren Verdienst, namentlich eine Ausgleichung des Arbeitslohnes unter den Völkern zur Niederhaltung einer hierin sich geltend machenden Concurrenz, so würde hinlänglicher Grund sein, diese Bestrebungen anzuerkennen und selbst zu unterstützen.

3. Die Landwirthschaft, welche wir im Begriffe des Gewerbes als das Hauptgewerbe im Staate mit einschliessen, bedarf schon wegen dieses Uebergewichts einer vorzüglichen Beachtung; wir heben die Besserung der Lage der ländlichen Arbeiter als eine Hauptpflicht hervor.

4. Im Bauwesen müssen wir anerkennen, dass der Staat bei seinen eignen grossen Bauunternehmungen, z. B. Eisenbahnbau, den dabei beschäftigten Arbeitern die erforderlichen Rücksichten auf ihre Gesundheit, Obdach und Verpflegung wohl angedeihen lässt; — es ist aber auch zu wünschen, dass dieses bei allen Bauunternehmungen von grösserm Umfange geschieht, und dass die Durchführung, sei es nun durch die Bedingungen im Bauconsense oder sonst, gesichert und überwacht werde. — Dabei kommen wir auf die bereits oben er-

wähnte Obdach- oder Wohnungsfrage zurück. Die Wohnung ist noch gar nicht genug gewürdigt als Bedürfniss für den Menschenberuf; sie gehört, zumal bei unsern klimatischen Verhältnissen, zu einem der wesentlichen Theile seines Nahrungsstandes, und ihr Mangel oder auch nur ihre wesentliche Mangelhaftigkeit ist für seine verschiedenen Lebensäusserungen — die materiellen wie die moralischen — von dem massgebendsten Einflusse. Wenn bekannterweise und mit genügendem Grunde der Umfang des Seifeverbrauchs der Massstab für den Culturzustand eines ganzen Volkes ist, und weiter, die Beschaffenheit der Land- und Wasserstrassen den Massstab für den des Staates, wie das Strassenpflaster den Massstab für den Standpunkt der Stadtgemeinde bildet, — so ist die Wohnung gewiss der Massstab der Gesammtlage ihres Bewohners.

Deshalb ist es nach unserer Auffassung unzuträglich, dass die Staatsverwaltung diese Angelegenheit nicht, oder doch nur nebenbei beachtet; nicht einmal von einem stellenweise gewiss wohl angebrachten Druck gegen die Gemeinden zur Abhilfe des Nothstandes ist etwas bekannt geworden! — Es ist hier ein weites fruchtbares Feld eröffnet. Möge die Staatsverwaltung es wenigstens zu cultiviren anfangen und vorerst durch Auflage bewährter billiger Häuserbauentwürfe, Prämien oder Vorschüsse zur Ausführung und sonstige Beihilfe den Nothständen ein Ziel zu setzen, den guten Willen an den Tag legen.

5. Schliesslich kommt es bezüglich des bereits Eingangs (S. 64) charakterisirten Umfangs des Wirkungskreises darauf an, dass eine der Arbeit gewachsene Persönlichkeit an die Spitze gestellt werde; von der bisherigen Art ihrer Behandlung, wonach dieselbe eigentlich zum Ressort von drei oder vier Ministerien gehören dürfte, von welchen von jedem Etwas davon, oder auch dieses von mehreren gemeinschaftlich zur Erörterung gezogen wird, können wir uns keinen erspriesslichen Erfolg versprechen. Die Einheit und die gleichmässige, — durch die Natur des Gegenstandes meist gebotene schleunige, — Behandlung erheischt die ausschliessliche Thätigkeit Einer Centralstelle, welche von anerkannter Celebrität in diesem Gebiete der Arbeit, das grossentheils noch Forschungsgebiet ist, ausgefüllt wird. Wir wünschen wo möglich eine Persönlichkeit aus dem industriellen Lager damit betraut, der in der Erledigung verwickelter Fragen eine Eigenschaft nicht mangelt, für welche uns das deutsche Wort fehlt; wir nennen

sie mit aller Reserve deutscher Ehrlichkeit und Gründlichkeit: Raffinement.

Wir sind am Ende unserer Aufgabe. Wir wünschen, dass unsere Andeutungen zum Besserwerden nicht ganz unberücksichtigt bleiben, nicht ganz fruchtlos verhallen möchten; wenigstens werden sie einen Beitrag dazu liefern, dass die sociale Frage nicht sobald von der Tagesordnung verschwinde, dass sie vielmehr eine allgemeinere verständige Prüfung und Würdigung erfahre; deshalb schliessen wir auch mit der Bitte an alle Leser, unsere Schlussworte zu beherzigen:

Prüfet Alles und das Beste behaltet!

Geschrieben im Mai 1872.

Druck von Troitzsch & Ostertag, Berlin, Kommandanten-Str. 44 a.

FSC
www.fsc.org
MIX
Papier | Fördert
gute Waldnutzung
FSC® C083411

Kolibri 360 GmbH
Ferdinand-Jühlke-Straße 7
99095 Erfurt, Deutschland
produktsicherheit@kolibri360.de